T0169802

LA « DÉDUCTION TRANSCENDANTALE DES CATÉGORIES » DE KANT

DU MÊME AUTEUR

La Genèse de l'apparaître. Études phénoménologiques sur le statut de l'intentionnalité, Beauvais, Mémoires des Annales de Phénoménologie (vol. V), Beauvais, Association pour la promotion de la phénoménologie, 2004

Temps et phénomène. La phénoménologie husserlienne du temps (1893-1918), Hildesheim, Olms, 2004

De l'existence ouverte au monde fini. Heidegger 1925-1930, Paris, Vrin, 2005

Husserl et les fondements de la phénoménologie constructive, Grenoble, J. Millon, 2007

Réflexion et spéculation. L'idéalisme transcendantal chez Fichte et Schelling, Grenoble, J. Millon, 2009

En deçà du sujet. Du temps dans la philosophie transcendantale allemande, Paris, PUF, 2010

En face de l'extériorité. Levinas et la question de la subjectivité, Paris, Vrin, 2010

Le sens se faisant. Marc Richir et la refondation de la phénoménologie transcendantale, Préface de Guy van Kerckhoven, Bruxelles, Ousia, 2011

Hinaus. Entwürfe zu einer phänomenologischen Metaphysik und Anthropologie, « Orbis Phaenomenologicus (Studien) » n° 24, Würzburg, Königshausen & Neumann, 2011

En voie du réel, « Le Bel Aujourd'hui », Paris, Hermann, 2013

Qu'est-ce que le phénomène ?, Paris, Vrin, 2014

L'effondrement de la nécessité, Grenoble, J. Millon, 2015

La déhiscence du sens, « Le Bel Aujourd'hui », Paris, Hermann, 2015

Wirklichkeitsbilder, Tübingen, Mohr Siebeck, 2015

Was ist Phänomenologie ?, Frankfurt am Main, Klostermann, 2019

Qu'est-ce que la phénoménologie transcendantale ? Fondements d'un idéalisme spéculatif phénoménologique, Grenoble, J. Millon, 2020

Seinsschwingungen. Zur Frage nach dem Sein in der transzendentalen Phänomenologie, Tübingen, Mohr Siebeck, 2020

Phénoménalisation et transcendance. La métaphysique phénoménologique de Marc Richir, Mémoires des Annales de Phénoménologie (vol. XVI), Dixmont, Association Internationale de Phénoménologie, 2020

Die phänomenologische Metaphysik Marc Richirs, Frankfurt am Main, Klostermann, 2021

Le clignotement de l'être, « Le Bel Aujourd'hui », Paris, Hermann, 2021

Der frühe Derrida und die Phänomenologie, Frankfurt am Main, Klostermann, 2021

Zeit, Einbildung, Ich. Phänomenologische Interpretation von Kants "Transzendentaler Kategoriendeduktion", Frankfurt am Main, Klostermann, 2022

BIBLIOTHEQUE D'HISTOIRE DE LA PHILOSOPHIE
Fondateur Henri GOUHIER   Directeur Emmanuel CATTIN

Alexander SCHNELL

LA « DÉDUCTION TRANSCENDANTALE DES CATÉGORIES » DE KANT

INTERPRÉTATION PHÉNOMÉNOLOGIQUE

PARIS
LIBRAIRIE PHILOSOPHIQUE J. VRIN
6 place de la Sorbonne, V^e
2022

© *Librairie Philosophique J. VRIN*, 2022
ISSN 0249-7980
ISBN 978-2-7116-3079-0
www.vrin.fr

À Manfred Baum
avec admiration et reconnaissance

INTRODUCTION

Cette étude présente une nouvelle interprétation des deux versions de la « Déduction transcendantale des concepts purs de l'entendement » – ou des « catégories » –, au cœur de la *Critique de la raison pure* de Kant. Il existe déjà une littérature abondante sur ce sujet, dont l'étendue ne cesse de s'amplifier depuis plus d'un siècle. Mais s'il n'y a toujours pas « le » commentaire qui clarifie définitivement cette pièce maîtresse de la première *Critique*, c'est parce que celle-ci est très complexe et développe une argumentation des plus difficiles dans toute l'histoire de la philosophie occidentale. La ligne d'interprétation poursuivie dans le présent ouvrage n'a pas encore été défendue sous cette forme. Cet ouvrage fait abstraction des usages habituels dans la recherche universitaire sur Kant et présentera un commentaire relativement court qui ne se réfère que de manière très limitée aux débats fourmillants des dernières décennies. Aussi l'idée directrice consiste-t-elle plutôt à retracer la pensée kantienne de la manière la plus *concise* et la plus *condensée* possible. Même si cette interprétation ne mettra évidemment pas un terme à toutes les difficultés et même si elle sera sans doute encore suivie de nombre d'autres tentatives de livrer « le » commentaire définitif, elle voudrait contribuer à avancer dans la compréhension du texte en le ramenant à ses thèses les plus essentielles et en prenant donc le plus souvent des traits « minimalistes ».

Dans cette investigation, il s'agit de livrer une interprétation *phénoménologique* des différentes déductions des catégories de Kant. Ce que cela implique va au-delà de la simple exégèse kantienne. Il ne s'agit pas, en premier lieu, de présenter un *type d'interprétation* spécifique, mais plutôt de mettre en évidence ce qui, dans la déduction kantienne des catégories, est fructueux pour la recherche phénoménologique actuelle, pour autant qu'elle reconnaisse l'importance du lien de filiation entre la phénoménologie et la philosophie allemande classique.

Une telle interprétation phénoménologique, qui se proposait à l'origine d'interpréter l'*ensemble* de la *Critique de la raison pure*[1], avait déjà été présentée par Martin Heidegger dans un cours donné à Marbourg au semestre d'hiver 1927-1928, mais qui – édité à titre posthume par Ingtraud Görland – n'a vu le jour qu'un demi-siècle plus tard. Au sujet du qualificatif « phénoménologique », Heidegger remarquait au début de son cours, de manière quelque peu laconique[2] :

> La caractérisation de l'interprétation comme « phénoménologique » indique d'abord tout simplement que l'*Auseinandersetzung* interprétative avec Kant s'accomplit d'une manière immédiate à partir de la problématisation philosophique vivante aujourd'hui.

1. Mais en réalité, l'interprétation de Heidegger se limite à l'esthétique transcendantale, à l'analytique des concepts, à la déduction des catégories de la première édition, ainsi qu'à une brève remarque sur le chapitre consacré au schématisme.

2. L'interprétation de Heidegger de la déduction des catégories et sa conception d'une interprétation phénoménologique de celle-ci sont abordées en détail dans l'*Excursus*.

> Ce qu'est la phénoménologie se montrera dans l'effectuation de l'interprétation elle-même[1].

L'intention ici est tout à fait similaire : la vivacité de la recherche phénoménologique *actuelle*, telle est la première thèse ici défendue, s'atteste encore aujourd'hui dans des questions déjà soulevées par Kant dans ses déductions de catégories. Pour rendre cela visible, il faut bien sûr d'abord les « prendre en vue » phénoménologiquement et, dans l'idéal, les interpréter. C'est dans ce cercle que l'interprète, mais aussi le lecteur, doivent s'engouffrer s'ils veulent comprendre la fécondité de toute cette entreprise.

Une autre interprétation importante de la *Critique de la raison pure*, qui se veut *phénoménologique*, est celle d'Eugen Fink[2]. Elle entre plus dans les détails et elle est, dans une large mesure, plus proche du texte kantien que l'interprétation de Heidegger. Si la *Critique de la raison pure* est en effet traitée de manière globalement très minutieuse, le chapitre sur la déduction y est malheureusement laissé de côté. La présente interprétation, qui se veut aussi fidèle que possible à l'esprit de Fink, entend combler cette lacune. Pour des raisons qui seront fournies plus loin, l'interprétation finkienne du chapitre sur le schématisme est traitée en détail dans la dernière annexe.

---

1. M. Heidegger, *Phänomenologische Interpretation von Kants* Kritik der reinen Vernunft, éd. I. Görland, HGA 25, Frankfurt am Main, V. Klostermann, 1977, 1987[2], p. 6 [abrégé : « PIK »]. Toute traduction, sauf indication contraire, est effectuée par nos soins.

2. E. Fink, *Epilegomena zu Immanuel Kants* Kritik der reinen Vernunft. *Ein phänomenologischer Kommentar* (1962-1971), sur la base des notes de Friedrich-Wilhelm von Herrmann et des manuscrits préparatoires du séminaire d'Eugen Fink, Eugen Fink Gesamtausgabe, vol. 13/1-13/3, éd. G. van Kerckhoven, Freiburg-München, Karl Alber Verlag, 2011 [abrégé : « *Epilegomena* »].

Comment faut-il comprendre une interprétation « phénoménologique » de la déduction des catégories ? Et pourquoi le choix s'est-il porté sur ce texte en particulier ? Cela se justifie par le fait que la démarche phénoménologique et le texte kantien se déterminent et se rendent compréhensibles mutuellement. Du point de vue de la forme, le procédé phénoménologique – et en particulier son idée fondamentale – convient très bien pour *expliciter* la signification de ce texte (ce qui ne veut en aucun cas dire qu'il n'existe pas d'autres procédés analytiques pour le rendre intelligible). Du point de vue du contenu, le texte kantien aborde certains *topoï fondamentaux* de la phénoménologie.

En quoi consiste l'*idée fondamentale* de la démarche phénoménologique – la phénoménologie étant comprise comme phénoménologie transcendantale ? On pourrait s'appuyer sur toute une série de textes dont certains n'appartiennent pas à la phénoménologie transcendantale au sens strict, mais à la philosophie transcendantale en général. Deux extraits méritent d'être cités en commençant. Le premier est tiré des *Ideen I* de Husserl :

> Pour la méthode phénoménologique (et par la suite pour la méthode de recherche philosophique transcendantale en général), une doctrine systématique de toutes les réductions phénoménologiques […] est d'une grande importance. Leurs procédés d'une « mise entre parenthèses » explicite ont pour fonction méthodologique de nous rappeler constamment que les sphères d'être et de connaissance concernées [c'est-à-dire celles du monde empirique – qui vient justement d'être mis entre parenthèses] se trouvent *par principe* en dehors de celles qui doivent être explorées en tant que transcendantales-phénoménologiques, et que toute intrusion de prémisses appartenant à ces domaines mis entre parenthèses est

l'indication d'un amalgame absurde, d'une véritable *metabasis*[1].

Le second est tiré de la fameuse lettre de réponse de Fichte à Reinhold de 1801 (bien que cette lettre déborde d'ironie et de sarcasme à l'égard de Reinhold, l'idée suivante doit être prise très au sérieux) :

> Si nous faisons abstraction du fait que [par exemple] un triangle soit construit, et du fait *que* l'on construise en général, et si nous ne considérons que le fait qu'une totalité absolue, répétable à l'infini dans chaque individu, soit posée, nous sommes en présence de ce que vous [scil. Reinhold] appelez le *penser en tant que penser* ; ce qui est, selon vous, dans notre connaissance ordinaire de ce triangle ou aussi de cette plante, de cet animal, etc., une composante à partir du simple penser pur. [...]
>
> Vous vous tenez donc au-dessus de la connaissance ordinaire, que j'appellerai = B : c'est l'objet de votre philosopher. Vous le faites précéder de votre penser comme penser = A, comme l'absolument ultime qu'il est impossible de surpasser. [...]
>
> Avant toute chose, je vous témoigne avec la plus grande sincérité de l'âme mon estime [...] pour vous être élevé jusqu'à ce A. La connaissance de cette généralité absolue, non composée d'individus, de ce fondement de toute évidence scientifique et de tout savoir commun ainsi que de toute conviction commune, fait presque totalement défaut à notre époque historique ; et rien, entre autres, ne s'est aussi fortement opposé à la percée de l'esprit kantien et de la doctrine de la science que ce manque[2].

1. E. Husserl, *Ideen I*, *Husserliana* III/1, éd. K. Schuhmann, La Haye, M. Nijhoff, 1976, § 61, p. 130.

2. J.G. Fichte, « Antwortschreiben an Herrn Professor Reinhold » (Tübingen, 1801), éd. R. Lauth, H. Gliwitzky, J.G. Fichte-Gesamtausgabe, vol. I, 7, Stuttgart-Bad Cannstatt, Frommann-Holzboog, 1988, p. 294 *sq*.

Que faut-il retenir de ces textes ? Que le discours transcendantal (ou « transcendantal-phénoménologique ») doit être séparé, *par principe*, de toute réalité objective simplement *présupposée*[1]. On ne saurait trop insister sur ce point – qui est presque totalement ignoré, non seulement à l'époque de Fichte, mais aussi à l'époque actuelle, dominée par le réalisme. Nous savons, ne serait-ce que grâce à la lecture derridienne du premier Husserl, que le discours de la phénoménologie transcendantale s'est peu à peu développé comme une « troisième voie » au-delà du psychologisme et du logicisme. Cela ne signifie pas seulement qu'après la mise hors circuit de la « position de l'être (*Seinssetzung*) », le phénoménologue décrit la manière dont la conscience confère, par des actes spécifiques, la signification à tel ou tel corrélat de la conscience, mais il s'agit plutôt de montrer comment, grâce à des effectuations *transcendantales* (c'est-à-dire des effectuations visant des objets qui sont « transcendants »[2] par rapport à ces effectuations), l'institution du sens est *rendue possible*. La descente dans la sphère de cette possibilisation justifie de mettre en rapport l'approche de Husserl et celle de la philosophie allemande classique, dans laquelle est introduite le « penser en tant que penser ». L'un des *desiderata* de cette investigation est de rendre plus intelligible le statut de ce discours transcendantal (ou transcendantal-phénoménologique). En d'autres termes, ce que l'on peut tirer de ces textes (et ici, un pas au-delà de Kant est

1. Cela ne veut pas dire, et il s'en faut de loin, que l'idéalisme transcendantal ne soit pas conciliable avec le réalisme empirique.
2. Il ne s'agit pas ici d'une transcendance « réale » (c'est-à-dire d'une transcendance qui reviendrait à des objets « empiriques »), mais de la transcendance qui caractérise les objets (mis en suspens quant à leur sens d'être) *au sein de la sphère transcendantale*.

certainement déjà nécessaire, même si c'est précisément en vertu de ce pas au-delà que le sens de la déduction des catégories peut être clarifié dans sa profondeur systématique), c'est que ce qui est ici désigné par Reinhold et Fichte comme « penser en tant que penser » (et qui est à son tour accompli – certes inconsciemment – au moyen de l'*épochè* phénoménologique) *constitue cette sphère transcendantale, fournissant le fondement de toute évidence*, qui *est à la base ou qui précède l'expérience ordinaire*. La déduction des catégories de Kant – telle est une autre thèse de cet ouvrage – est historiquement le premier texte qui applique ce procédé transcendantal. Une interprétation phéno-ménologique de celui-ci permet de mettre en lumière toutes les approches et tous les passages dans le texte de Kant dans lesquels le « transcendantal » dépasse manifestement les conditions purement logiques de la connaissance et révèle cette sphère du « penser en tant que penser » vers laquelle se tournera toute philosophie transcendantale faisant autorité après Kant – et donc en particulier aussi la *phénoménologie* transcendantale.

Qu'est-ce qui constitue les *topoï fondamentaux* de la phénoménologie ? Ils consistent à mettre en évidence le rapport entre la pensée et l'être, la conscience (ou la conscience de soi) et le monde, la subjectivité et l'objectivité, afin de répondre aux questions fondamentales de la connaissance (ou de la compréhension). En quoi peuvent consister ces réponses ? Pour cela, il faut justement se référer à la déduction kantienne des catégories. Celle-ci pose résolument la question de la possibilité du *rapport à l'objet*, c'est-à-dire de la manière dont le sujet transcendantal peut se rapporter à un objet transcendantal. On obtient ainsi un premier concept fondamental – celui que la phénoménologie désigne par *corrélation*[1]. Mais la déduction des catégories met tout aussi clairement en évidence que la conscience de soi (l'aperception) joue ici un rôle décisif. Le texte kantien souligne en outre la fonction essentielle de l'imagination. Et il inscrit cette problématique dans une dimension temporelle. Mais le temps, l'imagination, le Moi sont aussi des concepts essentiels de la phénoménologie (transcendantale)[2]. Ils justifient donc un examen phénoménologique de ce texte.

Les objectifs de la déduction de catégories

La « Déduction transcendantale des concepts purs de l'entendement » est le chapitre de la *Critique de la raison pure* qui a demandé le plus d'efforts à son auteur. Même certains commentateurs renommés le considèrent tout simplement comme inintelligible. Nous allons tenter de montrer que le texte est non seulement bel et bien compréhensible, mais encore – dans une large mesure – tout à fait captivant. Cernons tout d'abord sa problématique fondamentale.

La déduction des catégories a d'une part un objectif local et d'autre part une portée systématique beaucoup plus vaste. Le but local est de démontrer que quelque chose qui provient de l'entendement de manière purement subjective – les catégories – livre les formes (ou les conditions de pensée) pour quelque chose qui est donné à l'entendement de manière extérieure, c'est-à-dire de façon

---

1. Concernant la mise en évidence par Kant de cette corrélation, *cf.* J. Ebbinghaus, *Philosophische Studien aus dem Nachlass*, U. Rameil, M. Baum (eds.), Würzburg, Königshausen & Neumann, 2013, p. 181.

2. *Cf.* A. Schell, *La déhiscence du sens*, Paris, Hermann, « Le bel aujourd'hui », 2015.

« intuitive ». Cette difficulté ne s'est pas posée pour l'espace et le temps. L'espace et le temps sont certes aussi subjectifs, mais du fait qu'ils sont la condition pour que quelque chose puisse nous apparaître et nous être donné, il n'y a pas lieu de s'inquiéter de leur réalité objective. Il en va tout autrement des catégories. Celles-ci permettent de penser « quelque chose en général » et même de le déterminer dans ses structures objectives (unité, réalité, substantialité, causalité, etc.). Mais comment peut-on s'assurer que ces structures correspondent « vraiment », « effectivement », aux objets « là-bas » et ne sont pas de pures « élucubrations » ?

Mais cette déduction ne se limite pas à ce problème « local ». Il s'agit par ailleurs – et plus fondamentalement – de la question du rapport fondamental entre le « sujet » et l'« objet », entre le « Moi » et le « Non-Moi » (pour utiliser des termes fichtéens). Il s'agit donc de clarifier comment la conscience peut être *conscience* « de quelque chose » – c'est-à-dire comment l'objet doit être compris en tenant compte du fait qu'il ne puisse être donné que dans et par la *conscience* – et, inversement, comment l'objet peut en général « entrer » dans cette dernière. Si la « révolution copernicienne » de la manière de penser en philosophie est légitime, alors il faut montrer comment l'objet dépend effectivement du sujet, mais il faut également établir dans quelle mesure le sujet est susceptible d'être la source de la réalité objective de ses propres représentations. Il s'agit donc tout simplement de se demander comment le penser peut établir un rapport à la réalité[1].

---

1. Il ne s'agit pas ici – et cela vaut pour l'ensemble du traité – de la réalité concrète, mais, lorsqu'il est question du « rapport à un objet », il s'agit toujours du rapport à un objet d'une expérience *possible*.

La thèse principale de Kant – qui n'a pas de prédécesseur, à l'exception peut-être de Merian[1] (1749) – consiste à affirmer que la relation entre le sujet et l'objet, entre la réalité objective (des représentations) du sujet et la dépendance de l'objet vis-à-vis du sujet, dépendent de la *conscience de soi* (c'est-à-dire de l'« aperception »). La « conscience de soi » désigne le rapport du sujet à l'objet dans lequel l'objet et le sujet sont *identiques*, c'est-à-dire dans lequel l'objet pour le sujet est ce sujet *lui-même*. La déduction des catégories met ainsi en évidence le rapport fondamental entre le sujet, l'objet et la conscience de soi pour rendre compte de la possibilité de la connaissance.

Dans la deuxième édition de la *Critique de la raison pure*, le chapitre de la déduction des catégories a été entièrement réécrit. Pourquoi Kant n'en est-il pas resté à la version de la première édition ? Était-il lui-même insatisfait de la première version ? Contiendrait-elle des erreurs ? Ce n'est pas le cas. Kant répond plutôt aux critiques qui lui ont été adressées, notamment dans divers comptes rendus. Parmi ces derniers, la critique de Garve-Feder (parue en 1782 dans les « Göttinger Gelehrten Anzeigen ») est la plus connue. Non pas que Kant ait toujours exprimé son accord avec la manière dont il a été compris et interprété (chaque auteur connaît le mal qui lui est parfois infligé par l'un ou l'autre des critiques[2]…). Mais il considérait tout

1. J.B. Merian, *Mémoire sur l'aperception considérée relativement aux idées*, in *Histoire de l'Académie Royale des Sciences et Belles Lettres. Année 1749*, Berlin, 1751, p. 213-232. Voir à ce sujet, U. Thiel, « Between Wolff and Kant : Merian's Theory of Apperception », *Journal of the History of Philosophy*, vol. 34, 1996, p. 213-232. Je remercie très sincèrement Manfred Baum pour cette précision.

2. Goethe leur a même dédié un poème célèbre (paru pour la première fois en mars 1774). J.W. von Goethe, *Berliner Ausgabe. Poetische Werke*, vol. 1, Berlin, Aufbau Verlag, 1960 et suivantes, p. 416-417 :

de même qu'il était important de répondre aux critiques (surtout lorsqu'elles reposaient à ses yeux sur des malentendus). Nous reviendrons plus loin sur les différences entre ces deux versions. Auparavant, il convient de préciser la signification de quelques notions centrales du texte kantien.

Clarifications terminologiques

« *Quaestio iuris* » et « *quaestio facti* ». La notion de « déduction » relève initialement de la terminologie des juristes[1]. Ceux-ci font la distinction entre ce qui concerne les « faits » (*quid facti*) et ce qui est « de droit » (*quid iuris*). Je peux m'approprier un objet par la force, par exemple le véhicule de mon voisin, et exprimer un droit de possession. Ce faisant, on ne quitte pas le niveau des faits : le véhicule se trouve dans mon garage et est en mon pouvoir. Mais cela ne signifie en aucun cas que c'est « légal ».

> « Un drôle vint dîner chez moi.
> Il ne me fut pas trop à charge :
> j'avais justement mon ordinaire.
> Le compagnon s'empiffre ;
> il avale, au dessert,
> ce que j'avais mis en réserve,
> et, à peine est-il rassasié,
> que le diable le mène chez le voisin,
> pour raisonner sur ma cuisine.
> "La soupe aurait pu être mieux assaisonnée,
> le rôti plus brun, le vin plus fait."
> Malédiction ! Assomme-moi ce chien !
> C'est un critique. »

1. Voir à ce sujet D. Henrich, « Kant's Notion of a Deduction and the Methodological Background of the First Critique », in *Kant's Transcendental Deductions*, E. Förster (ed.), Redwood City, Stanford University Press, 1989, p. 29-46.

Cette différence est d'une importance fondamentale en philosophie. La « *quaestio facti* » s'interroge sur ce qui *est*. La « *quaestio iuris* », en revanche, renvoie à ce qui est *légitime*. Dans le premier cas, un état de choses ou une situation est accepté comme un fait, dans le second, la réflexion porte sur leur légitimation de droit.

On peut distinguer et définir au total pas moins de sept (!) acceptions de la déduction chez Kant. Voici tout d'abord les *définitions* des trois types fondamentaux de la déduction (la déduction métaphysique, la déduction empirique et la déduction transcendantale – toutes se rapportant à des concepts ou aux catégories [concepts purs de l'entendement]) :

Déduction métaphysique : « Dans la déduction métaphysique, l'*origine des catégories* […] <est> prouvée par leur *accord* total *avec les fonctions logiques universelles du penser* »[1]. Cela signifie que dans cette déduction métaphysique, les catégories sont déduites à partir des fonctions logiques (*cf.* § 10)[2].

---

1. KrV, B 159 (souligné par l'auteur). La *Critique de la raison pure* [« KrV »] de Kant est citée ici selon la première édition [parue en 1781] et selon la deuxième [publiée en 1787], conformément à la citation habituelle. La première édition est désignée par « édition A », la seconde par « édition B ». « A » et « B » précèdent à chaque fois les numéros de page concernés. La traduction est de nos soins.
2. Concernant la « déduction métaphysique », *cf.* l'article de R. P. Horstmann « Die metaphysische Deduktion in Kants *Kritik der reinen Vernunft* », in *Probleme der « Kritik der reinen Vernunft »*, B. Tuschling (ed.), Berlin, W. de Gruyter, 1984, p. 15-33. La thèse de Horstmann est que la déduction *métaphysique* démontre l'hypothèse *qu'il* est possible que les catégories se rapportent à des objets en tant qu'objets. Elle établit ainsi une condition de possibilité de la déduction *transcendantale* (subjective), qui, quant à elle, démontrera *comment* ce rapport à l'objet est possible. Selon Horstmann, la déduction métaphysique se déroule en trois temps. La première étape explique sous quelles

Déduction empirique : « La déduction empirique indique la manière dont un concept a été *acquis* par l'expérience et par la réflexion sur celle-ci, et concerne donc non pas la *légitimité*, mais le *fait* à travers lequel la possession est survenue[1]. » La déduction empirique ne répond donc toujours qu'à des *quaestiones facti*, des questions sur le *quid facti* (par exemple, celles sur la genèse empirique ou psychologique d'un concept).

Déduction transcendantale (elle concerne la légitimité) : « [*L'*]*explication de la manière dont des concepts peuvent* a priori [*a priori* étant pris ici comme adverbe et non comme attribut[2]] *se rapporter à des objets*, <est> la déduction transcendantale de ces concepts[3]. »

En outre, il faut encore distinguer – et cette distinction conceptuelle est tout à fait essentielle – *deux types de déduction transcendantale* :

Déduction objective : elle part du principe que les catégories ont déjà été établies grâce à la déduction

conditions les concepts *a priori en général* (donc pas seulement les catégories !) se rapportent à des objets, et implique une définition de ce que signifie la « catégorie ». La deuxième étape démontre que la possibilité du rapport aux objets des concepts *a priori* relève de la fonction unificatrice de l'entendement. La troisième étape montre quels concepts, à savoir les *catégories* remplissent les conditions de la première étape et se trouvent en même temps en accord avec les fonctions unificatrices de l'entendement dans le jugement. Le rapport des catégories à des objets *doit* être possible – car sinon il n'y aurait point de concept d'un objet. Comme nous allons le montrer, c'est là la condition préalable à la problématique de la déduction transcendantale (objective).

1. KrV, A 85/B 117 (souligné par nos soins).

2. Cette lecture s'appuie sur la « Réponse à Johann Wilhelm Andreas Kosmann » de Kant de septembre 1789, dans laquelle il explique qu'une déduction transcendantale de nos représentations consiste à rechercher ce qui rend compte de la possibilité qu'elles ont « *a priori* [...] une réalité objective », I. Kant, *Briefwechsel*, Hamburg, F. Meiner, 1986, p. 415.

3. KrV, A 85/B 117 (souligné par nos soins).

métaphysique. En conséquence, elle « se réfère aux objets de l'entendement pur et doit démontrer et faire comprendre la validité objective de ses concepts *a priori* »[1]. Le but de la déduction objective est ainsi de démontrer que quelque chose d'objectif, d'objectivement valide, correspond aux catégories et qu'elles ne sont donc pas de simples constructions intellectuelles. En d'autres termes, la déduction objective, partant de la donnée des catégories, s'oriente en quelque sorte vers « *l'extérieur* » (c'est-à-dire vers les objets rencontrés dans l'expérience) et se donne pour tâche d'établir qu'elles sont objectivement valides.

Déduction subjective : elle « se propose de considérer l'entendement pur lui-même, *selon sa possibilité et selon les pouvoirs de connaître sur lesquels il repose lui-même*, donc de le considérer sous un rapport *subjectif* »[2]. Elle répond à la question suivante : « *Comment* la faculté de penser est-elle elle-même possible ?[3] » Kant s'oriente ainsi vers la structure « *intérieure* »[4] de la faculté de penser et l'interroge quant à sa propre possibilité constitutive.

Ces deux formes fondamentales de déduction transcendantale peuvent être mises en relation avec les *méthodes* « *analytique* » et « *synthétique* » de Kant. Dans la *Logique*, Kant formule la différence entre ces deux types de méthodes en ces termes : la méthode analytique « part du conditionné et du fondé et va jusqu'aux principes (*a principiatis ad principia*) » ; la méthode synthétique, en

1. KrV, A XVI.
2. KrV, A XVI *sq.* (souligné par l'auteur).
3. KrV, A XVII.
4. Bien sûr, cela ne change rien au fait que la déduction subjective cherche elle aussi à prouver et à expliquer la possibilité du rapport à l'objet. L'« objet » devant toujours être conçu, comme nous l'avons déjà souligné, comme l'objet d'une *expérience possible*.

revanche, « va des principes aux conséquences ou du simple au composé. On pourrait appeler la première la méthode *régressive*, et la seconde la méthode *progressive* »[1]. La même différence est caractérisée de la manière suivante dans les *Prolégomènes à toute métaphysique future* (1783) : la méthode analytique part en quelque sorte des « faits »[2] pour remonter aux « sources », « que l'on ne connaît pas encore, et dont la découverte ne nous expliquera pas seulement ce que l'on savait, mais nous présentera en même temps de nombreuses connaissances qui, dans leur ensemble, découlent de ces mêmes sources »[3]. La méthode synthétique cherche au contraire « à développer la connaissance à partir de ses germes originels »[4]. La déduction subjective correspond d'une certaine manière à la méthode synthétique progressive (que Kant privilégie dans la *Critique de la raison pure*), car elle procède à une recherche des *causes* (non pas empiriques, mais transcendantales), tandis que la déduction objective (qui part de la donnée des catégories pour démontrer à partir de là leur validité objective) peut être rapprochée de la méthode analytique régressive (qui est utilisée dans les *Prolégomènes*). La déduction objective part – à l'instar de la méthode analytique – d'un donné, les catégories, pour exposer leur réalité objective. La déduction subjective part – à l'instar de la méthode synthétique – des

1. I. Kant, *Jäsche-Logik*, § 117, *Œuvres de Kant*, tome IX, Berlin, W. de Gruyter, 1968, p. 149.
2. Ces « faits » sont équivalents aux jugements synthétiques *a priori* déjà établis en mathématiques, en physique et en métaphysique.
3. I. Kant, *Prolegomena zu einer jeder künftigen Metaphysik*, Hamburg, F. Meiner, 2001, p. 28 *sq.*
4. I. Kant, *Prolégomènes à toute métaphysique future*, *op. cit.*, p. 28. Comme nous le verrons, le concept d'« épigenèse » est étroitement lié à cette conception de la déduction subjective.

« germes » (ici : des sources[1] subjectives de la connaissance) pour montrer comment, à partir de là, la possibilité de la connaissance peut être démontrée au moyen des catégories[2]. Pour savoir ce qui, dans le texte kantien, renvoie à la déduction « objective » et à la déduction « subjective », la comparaison avec la méthode analytique et avec la méthode synthétique fournit un indice fiable permettant d'y voir plus clair.

Mais l'indication la plus importante concernant la distinction entre la déduction objective et la déduction subjective est la suivante : dans la déduction objective, ce qui conditionne la connaissance est un *donné* et sert de point de départ pour la légitimation de ce conditionnement par les catégories (ce qui fait que toute déduction objective a quelque chose de *statique*). Comme nous le verrons, cela concerne respectivement l'*expérience* en général (§ 14), les *phénomènes* (A 128-130) et la « fonction logique des *jugements* » (§ 19-20). À chaque fois, cette déduction objective vise la validité objective des concepts *a priori* en tant qu'ils sont déjà *acquis* par la déduction métaphysique.

---

1. Lorsque les catégories sont « déduites objectivement », Kant applique la méthode analytique puisqu'elles sont considérées comme « conditionnées » et qu'on remonte ensuite vers les conditions de possibilité de leur validité objective. En revanche, lorsqu'elles sont « déduites subjectivement », Kant part des sources subjectives de la connaissance (donc de ce qui est « simple ») pour expliquer, à partir de là, le rapport à l'objet (le « composé », car la source de la connaissance et l'objet sont justement montrés dans leur corrélation).

2. Il apparaît à la fin de la déduction A ainsi que dans la déduction B que la déduction objective peut encore être comprise comme partant d'objets donnés dans l'intuition et comme clarifiant ensuite la façon dont ceux-ci sont subsumés sous les catégories.

Il s'agit ainsi d'établir[1] que cette validité objective repose sur le fait que l'expérience (d'après la forme du penser) n'est *possible* que grâce aux catégories[2]. La déduction subjective, en revanche, ne s'appuie sur *rien* qui soit déjà donné au préalable, ou – formulé de manière un peu plus précise – elle part des simples sources de connaissance *examinées quant à la possibilité d'établir tout d'abord le rapport à l'objet*. C'est donc à travers cette déduction subjective que le rapport à l'objet est d'abord engendré (ce qui lui confère un caractère *dynamique*[3]). En d'autres termes, elle consiste à montrer « *comment* l'expérience est possible moyennant les catégories et seulement grâce à ces dernières »[4].

Avec la déduction objective, l'objectif principal de la théorie de la connaissance dans la première *Critique* est apparemment atteint. Néanmoins, la déduction subjective creuse encore plus profondément, elle se saisit d'une question davantage métaphysique, à savoir : comment l'*expérience en général*, et pas « simplement » la réalité objective des concepts de l'entendement, est-elle possible *a priori*? Elle analyse les facultés de connaître et montre comment peut être mise en évidence, *au moyen du caractère productif* (ou « génératif ») *de l'imagination*, la capacité

1. Cette perspective du « que (*dass*) » distingue donc la déduction objective de la déduction subjective qui cherche à répondre à la question du « comment (*wie*) ».

2. KrV, B 126.

3. Les catégories phénoménologiques de la « staticité » et de la « dynamicité » (ou « généticité ») sont ainsi tout à fait appropriées pour distinguer entre la déduction « objective » et la déduction « subjective ».

4. I. Kant, *Metaphysische Anfangsgründe der Naturwissenschaft*, Préface, *Œuvres de Kant*, tome IV, Berlin, W. de Gruyter, 1968, note de la p. 475.

de connaissance des catégories (c'est-à-dire : comment celle-ci peut être rendue manifeste dans sa *nécessité* ou sa *catégoricité*)[1]. Or, la déduction objective peut être « plus convaincante » que la déduction subjective, admet Kant, parce que la réalité objective des catégories est en quelque sorte « arrachée » analytiquement à la donnée de l'expérience et surtout à la présupposition de la médiation entre la sensibilité et l'entendement nécessaire à la connaissance. D'une certaine manière, on présuppose donc ce qu'il s'agit d'abord de démontrer – une présupposition que l'on ne peut certes pas *ne pas* faire – nous reviendrons plus loin sur ce problème. Il est cependant manifeste que Kant a accordé la plus grande attention à la déduction subjective. C'est d'ailleurs tout à fait logique, car la réponse à la question du « *comment* » de l'expérience en général correspond à l'objectif fondamental d'une déduction – qui consiste à montrer non pas *que* quelque chose est, mais *pourquoi* il est légitimement tel qu'il prétend être. La déduction subjective est philosophiquement plus édifiante parce que la capacité productrice, « générative », des facultés de connaître y transparaît et y est mise en œuvre. Après l'analyse de la première déduction objective (au § 14), il apparaîtra pourquoi le but principal de la déduction des catégories n'est effectivement atteint que par la déduction subjective.

Enfin, Kant fait encore la distinction entre la déduction « d'en haut » et la déduction « d'en bas ». La *déduction*

---

1. Aussi Kant, lorsqu'il prétend que la déduction *objective* répond à la question de savoir ce que l'entendement et la raison sont en mesure de connaître indépendamment de l'expérience, confond-il quelque peu le lecteur. En effet, comme Kant le précise à la fin de la préface à l'édition de 1781, cette question concerne en réalité bien davantage la déduction *subjective*.

d'en haut part du point le plus élevé de la faculté de connaître *supérieure* = l'entendement, tandis que la *déduction d'en bas* part à l'inverse de la sensibilité en tant que faculté de connaître *inférieure*.

Avant de nous tourner vers la déduction transcendantale proprement dite, il faut encore définir deux autres termes importants.

La réalité objective. Un concept a une « réalité objective » lorsqu'il « se rapporte à un objet et trouve en lui signification et sens »[1]. Au-delà de la « *realitas* » (teneur « réelle »), on attribue donc au concept le pouvoir de se rapporter à l'objet. Or, la tâche principale de la déduction transcendantale des catégories est précisément de rendre compte du rapport de ces dernières à l'objet (*cf.* la définition ci-dessus). On comprend ainsi l'importance fondamentale que revêt pour elle le concept de « réalité objective ».

Aperception. Le terme d'« aperception » a été introduit par Leibniz. Nous lisons notamment dans la section 4 des *Principes de la nature et de la grâce* (1714) : « il est bon de faire distinction entre la *perception* qui est l'état intérieur de la monade représentant les choses externes, et l'*aperception* qui est la conscience, ou la connaissance réflexive de cet état intérieur [...] ». (Les « monades » désignent chez Leibniz des points métaphysiques animés qui n'ont pas d'étendue, mais qui ne sont pas pour autant immatériels ; elles constituent les substances originelles indivisibles dont se compose toute réalité.) *L'aperception décrit donc ici le rapport grâce auquel une perception est consciente de manière réflexive.* Christian Wolff a repris ce concept d'« *aperceptio* » de Leibniz et a fait remarquer qu'il correspondait au concept de « *conscientia* » de

1. KrV, A 155/B 194 ; voir aussi A 109.

Descartes. Cela ne caractérise pas encore la conscience de soi d'un *sujet* (il s'agit donc ici uniquement de la différence entre la « perception » [d'un objet] et la « conscience » de cette perception). Il en va tout autrement chez Kant : l'auteur de la *Critique de la raison pure* va justement attribuer l'aperception au sujet de la connaissance et la comprendre comme « *conscience de soi* ».

Il fait une distinction plus spécifique entre l'« aperception empirique » et l'« aperception pure ». L'aperception empirique est le « moi psychologique » que les prédécesseurs de Kant avaient appelé « sens interne » – en assimilant sa forme au temps, Kant donne en revanche une toute nouvelle signification au « sens interne ». Il s'agit donc tout simplement de la « conscience empirique » qui change en permanence[1]. Afin d'expliquer la possibilité de l'« identité » de la conscience de soi, Kant introduit le concept d'« aperception pure ». Celle-ci est une « représentation simple et entièrement vide de contenu pour elle-même »[2], dont Kant montrera qu'elle est une condition nécessaire du penser et finalement aussi de la connaissance. Elle n'est pas quelque chose qui existerait en elle-même, mais

---

1. Les prédécesseurs de Kant n'étaient pas d'accord sur ce point. Alors que Descartes est généralement crédité de la conception d'un *ego* en tant que *substantia cogitans* (substance pensante) identique et permanente (même si ce n'est pas toujours justifié), Hume remarquait dans le chapitre sur l'« identité personnelle » du *Traité de la nature humaine* (livre 1, partie 4, section 6) que, personnellement, il ne parvenait pas à trouver une identité permanente du soi dans son flux de conscience et qu'il était donc tout au plus prêt à le concevoir comme un « bundle or collection of different perceptions ». Kant est certes d'accord avec Hume sur le fait qu'il n'est pas possible de constater un soi identique par des moyens *empiriques*, mais il ne renonce pas à *toute* forme d'identité du soi.

2. KrV, A 345/B 404.

seulement quelque chose à saisir en rapport au penser et aux jugements. Elle est caractérisée de manière très pertinente par Wolfgang Carl comme suit : « L'aperception pure, en tant que conscience du "Moi de la réflexion", n'est […] pas la conscience d'un être qui pense, mais une conscience de la forme sous laquelle les pensées sont pensées[1]. » En ce sens, « l'aperception pure […] est une conscience d'un Moi numériquement identique en tant que sujet de toutes mes pensées »[2]. L'aperception pure en tant que conscience d'un Moi numériquement identique n'est donc rien d'autre qu'une *forme*. Elle est, en dehors de l'espace et du temps comme formes de l'intuition et des catégories comme formes de la pensée d'un objet en général, une troisième forme – à savoir la forme de la *conscience en général*. L'aperception pure (ou la conscience pure) ne doit en aucun cas être conçue comme quelque chose de *substantiel*.

Il faut insister sur le fait que Kant est l'un des premiers philosophes à accorder à l'aperception une place aussi importante dans la théorie de la connaissance. Cette idée sera reprise et développée de manière plus approfondie par ses successeurs immédiats, à savoir Fichte, Schelling et Hegel.

1. W. Carl, *Die Transzendentale Deduktion der Kategorien in der ersten Auflage der* Kritik der reinen Vernunft. *Ein Kommentar*, Frankfurt am Main, Klostermann, 1992, p. 65.
2. *Ibid.*, p. 67.

LA PREMIÈRE DÉDUCTION OBJECTIVE

Dans la deuxième édition de la *Critique de la raison pure*, Kant a entièrement remanié le chapitre de la déduction transcendantale des catégories. Nous verrons en quoi consiste la différence entre les deux éditions, c'est-à-dire quelles modifications la déduction a subi dans l'édition de 1787. Les deux versions de la déduction sont chacune précédées par les deux premiers paragraphes du paragraphe 14 (auxquels Kant a encore ajouté trois alinéas dans la deuxième édition), qui exposent une première *déduction objective* :

> Il n'y a que deux cas possibles selon lesquels une représentation synthétique et ses objets peuvent coïncider, entrer dans un rapport mutuel qui soit nécessaire, et pour ainsi dire se rencontrer : ou bien l'objet seul rend possible la représentation, ou bien celle-ci seule rend possible l'objet. Dans le premier cas, ce rapport n'est qu'*empirique* et la représentation n'est jamais possible *a priori*. Et tel est le cas pour le phénomène, relativement à ce qui y relève de la sensation. Mais si l'on se trouve dans le second cas, parce que la représentation en elle-même [...] ne produit pas son objet *quant à son existence*, la représentation est néanmoins déterminante *a priori* à l'égard de l'objet, si c'est par elle seulement qu'*il est possible de connaître* quelque chose *comme un objet*. Or, il y a deux conditions sous lesquelles seule la

connaissance d'un objet est possible : premièrement, *l'intuition*, par laquelle l'objet est donné, mais seulement comme phénomène ; deuxièmement, *le concept*, par lequel est pensé un objet qui correspond à cette intuition. Mais il est clair, d'après ce qui précède, que la première condition, à savoir celle sous laquelle seulement les objets peuvent être intuitionnés, est *a priori* au fondement des objets dans l'esprit quant à leur forme. Tous les phénomènes s'accordent donc nécessairement avec cette condition formelle de la sensibilité, dans la mesure où ils ne peuvent apparaître, c'est-à-dire être intuitionnés et donnés empiriquement, que grâce à elle. La question, désormais, se pose de savoir si ne précèdent pas aussi des concepts *a priori*, en tant que conditions sous lesquelles seulement quelque chose, sans être intuitionné, est cependant pensé comme objet en général, car toute connaissance empirique des objets est nécessairement conforme à de tels concepts, dès lors que, sans leur présupposition, rien n'est possible comme *objet de l'expérience*. Or toute expérience contient encore, outre l'intuition des sens par laquelle quelque chose est donné, un *concept* d'un objet qui est donné dans l'intuition ou qui apparaît : en vertu de quoi des concepts d'objets en général interviendront comme conditions *a priori*, au fondement de toute connaissance d'expérience. *Par conséquent, la validité objective des catégories, en tant que concepts* a priori, *reposera sur le fait que par elles seules l'expérience (quant à la forme du penser) est possible*. Car elles se rapportent nécessairement et *a priori* à des objets de l'expérience, puisque c'est seulement par leur intermédiaire qu'un quelconque objet de l'expérience peut être pensé[1].

---

1. Cette formulation se rapproche en revanche davantage de la tâche entreprise dans la déduction *subjective*. À la fin de la déduction A, Kant s'efforcera, d'une manière qui correspond à ce qui est affirmé ici, de

La déduction transcendantale de tous les concepts *a priori* a donc un principe sur lequel toute la recherche doit se régler, à savoir : ils *doivent être reconnus comme conditions* a priori *de la possibilité de l'expérience* (que ce soit de l'intuition qui s'y rencontre ou du penser). Les concepts qui livrent le fondement objectif de la possibilité de l'expérience sont par là-même nécessaires. Cela dit, le développement de l'expérience où ils se rencontrent n'est pas leur déduction (mais leur illustration) parce qu'ils ne s'y trouveraient alors que de façon contingente. Sans cette relation originaire à l'expérience possible, dans laquelle se trouvent tous les objets de la connaissance, la relation de ces concepts *a priori* à un quelconque objet ne pourrait aucunement être comprise[1].

À propos de *ce passage précis*, Kant affirmait dans la préface de la première édition que si « ma déduction subjective n'avait pas produit sur lui [*scil.* sur le lecteur] toute la conviction que j'en attends, la <déduction> objective, dont il m'importe ici principalement, recevrait cependant toute sa force [...] »[2].

Cela signifierait que dans le premier paragraphe du paragraphe 14, sinon *toute* la déduction objective, du moins son *principe* est exposé dans ses lignes principales. L'argument majeur de ce paragraphe 14 est que les catégories ont une « réalité objective » parce que c'est grâce à elles seulement que l'expérience (selon la forme du penser) est possible, ce qui fait d'elles la condition *a priori* de la possibilité de l'expérience. Encore une fois, Kant l'affirme de manière tout à fait tranchante : la déduction

concilier ce qui a été accompli par la déduction subjective avec les intentions déclarées de la déduction objective.
1. KrV, A 92-94/B 124-127.
2. KrV, A XVII.

objective établit que la « réalité objective » des catégories tient au fait que *ce n'est que grâce elles que l'expérience est d'abord possible*. Autrement dit : les objets de l'intuition ne peuvent être pensés qu'au moyen de ces dernières et ils doivent donc nécessairement être subsumés sous elles. C'est là un point de départ très important, car la déduction objective révèle ainsi « *que* » l'expérience est rendue possible par les catégories. Et c'est ensuite à la déduction subjective qu'il revient d'expliquer le « *comment* » de cette possibilité.

Mais qu'en est-il de cette argumentation dans la suite de la déduction des catégories ? On peut se demander si la démonstration au paragraphe 14 n'est pas, en réalité, insatisfaisante. En affirmant que la possibilité de l'expérience implique des intuitions et des *concepts*, Kant ne se donne-t-il pas d'emblée ce qui devait d'abord être démontré ? Ne faut-il pas justifier pourquoi, au-delà de la donnée de l'objet dans l'intuition, il faut aussi supposer la *pensée de l'objet* ? Il semblerait que la déduction objective ne puisse effectivement être valide que sous l'hypothèse de la doctrine de deux « souches » de la connaissance (et en particulier de la *pensée* nécessaire de l'objet).

Il apparaît dès lors que la déduction des catégories ne reçoit pas, contrairement à ce que dit Kant, « toute sa force » avec la déduction objective. Affirmer que « par son intermédiaire, un quelconque objet de l'expérience *peut* être pensé » ne préserve pas du fait qu'il puisse s'agir d'une simple « élucubration ». La *pensée* d'un objet pourrait être une *simple* pensée – ce qui ne garantit pas que quelque chose lui corresponde effectivement. C'est là que tout l'enjeu de la déduction *subjective* apparaît au grand jour : si, en effet, la déduction des catégories doit exposer « comment les concepts peuvent se rapporter *a priori* à

des objets », et si la déduction subjective explique
précisément comment « la faculté de *penser* est elle-même
possible » (penser signifiant pour Kant toujours penser un
objet), alors on comprend – et c'est l'hypothèse fondamentale
de cette investigation – dans quelle mesure la tâche
principale de cette déduction des catégories consiste dans
la réalisation de la *déduction subjective* – à laquelle Kant
a d'ailleurs consacré, sur le plan quantitatif, de loin la plus
grande partie. Cela se confirmera dans les parties décisives
de la déduction A.

LA DÉDUCTION A

Quelles sont les thèses essentielles de la déduction des catégories dans la première édition de la *Critique de la raison pure*? Considérons d'abord sa structure.

Structure de la Déduction A

Si la Déduction A se divise en trois sections, celles-ci ne contiennent pas moins de quatre versions différentes de la déduction des concepts purs de l'entendement. Ces versions sont les suivantes : premièrement, la « déduction par les synthèses » (elle figure dans la deuxième section de la déduction des catégories[1]) ; deuxièmement, la déduction « d'en haut » ; troisièmement, la déduction « d'en bas » (elles se trouvent dans la troisième section de la déduction des catégories). Ces déductions sont toutes les trois des déductions subjectives[2]. Une deuxième déduction objective, enfin, au-delà de celle du paragraphe 14, est

---

1. La première section traite des « principes d'une déduction transcendantale en général » (§ 13) et expose, nous l'avons vu, la première « déduction objective » (§ 14).

2. On s'écarte donc ici de l'interprétation de Rainer Schäfer selon laquelle seule la « déduction par les synthèses » (A 98-A 110) serait une déduction subjective, tandis que la troisième section de la déduction A (A 115-A 130) contiendrait une déduction objective, *Kategoriendeduktion in der klassischen deutschen Philosophie*, N. Bickmann, L. Heckenroth, R. Schäfer (eds.), Berlin, Duncker & Humblot, 2020, p. 9.

exposée dans la « Présentation sommaire de l'exactitude et de l'unique possibilité de cette déduction des concepts purs de l'entendement ».

Remarques préliminaires
sur la « déduction par les synthèses »

À partir de la page A 95 commence une première *déduction subjective* qui, pour des raisons évidentes, peut être qualifiée de « déduction par les synthèses » (car elle introduit trois synthèses de l'entendement qui constituent un élément de connaissance entièrement nouveau au sein de l'« analytique transcendantale »). Qu'est-ce qui permet de dire qu'il s'agit en effet d'une déduction subjective ?

Au début de la déduction A, Kant soutient que les catégories « doivent être des conditions *a priori* d'une expérience possible »[1]. Cela signifie que la déduction objective est déjà *achevée*, car la possibilité de l'expérience, qui, selon la déduction objective, repose sur les catégories, est ici explicitement considérée comme *déjà donnée*. L'étape suivante consistera à examiner précisément « les conditions *a priori* qui déterminent la possibilité de l'expérience »[2] ou, selon la citation ci-dessus tirée des *Fondements métaphysiques de la science de la nature*, « *comment* [...] l'expérience est possible moyennant ces catégories et uniquement par elles »[3]. Avec la réponse qu'il s'agit maintenant de donner à la question du « comment », Kant fait donc un pas de plus au-delà de la déduction objective, en se tournant vers l'explication de

---

1. KrV, A 95.
2. KrV, A 95 *sq.*
3. I. Kant, *Metaphysische Anfangsgründe der Naturwissenschaft* (préface), *Kants Werke*, Berlin, W. de Gruyter, vol. IV, note de la p. 475.

la possibilité de l'expérience en général – c'est-à-dire : eu égard à ses conditions *subjectives* (que sont lesdites « sources » de la connaissance). C'est précisément la tâche d'une déduction subjective, celle-ci se fixant exactement le même but. Le passage suivant confirme cette idée :

> [C]'est déjà une déduction suffisante <des catégories> et une légitimation de leur validité objective que de pouvoir démontrer que par leur intermédiaire seulement un objet peut être pensé. Mais puisque, dans une telle pensée, se trouve mobilisé davantage que le simple pouvoir de penser, à savoir l'entendement, et que celui-ci a lui-même tout autant besoin, en tant que pouvoir de connaître qui doit se rapporter à des objets, que soit élucidée la possibilité de ce rapport, il nous faut considérer, non pas dans leur constitution empirique, mais dans leur constitution *transcendantale*, les *sources subjectives* qui constituent le fondement *a priori* de la possibilité de l'expérience[1].

Il s'agit donc d'aller aux « sources » à la fois « subjectives » et « transcendantales » de la connaissance – ce qui prouve clairement qu'il s'agit en effet d'une déduction subjective. Il est très remarquable que ce n'est que de cette manière que le « principe *a priori* de la possibilité de l'expérience » peut être démontré. La déduction subjective fait donc bien partie, comme nous l'avons dit, des « fins essentielles » d'une déduction transcendantale en général (contrairement à ce que Kant avait laissé entendre dans la première préface).

Ces « sources subjectives de connaissance » sont le « sens », l'« imagination » et l'« aperception ». Ces trois notions ne coïncident pas simplement avec les *facultés de*

1. KrV, A 96 *sq.*

connaître analysées dans les chapitres précédents de la *Critique de la raison pure*. D'une part, une troisième faculté – l'imagination – s'ajoute ici à la sensibilité et à l'entendement. De plus, à la place de la « sensibilité » et de l'« entendement », on est respectivement en présence du « sens » et de l'« aperception ». Cela signifie qu'il n'est plus simplement question des « facultés de connaître », mais des « sources de la connaissance ». Celles-ci sont en quelque sorte au fondement de celles-là.

Le « sens » désigne ici le « sens interne ». Dans une « remarque générale »[1], Kant souligne que, dans toute la déduction des catégories, il faut tenir compte du fait que *toutes* nos représentations sont soumises au temps – en tant que forme de ce sens interne. L'« imagination », quant à elle, est nouvellement introduite. Plus tard, dans le chapitre sur le schématisme, Kant affirmera, à propos du schématisme de l'imagination, que celui-ci est, « relativement aux phénomènes et à leur simple forme […] un *art caché dans les profondeurs de l'âme humaine*, dont nous arracherons toujours difficilement les vrais mécanismes à la nature pour les mettre à découvert devant nos yeux »[2]. Cet « art caché » donne accès à une deuxième « source » qui pourrait éventuellement indiquer que les deux « souches » de la connaissance (la sensibilité et l'entendement) sont originellement unies. Un autre « point d'unité »[3] est

1. KrV, A 99.
2. KrV, A 141/B 180 *sq.*
3. Dans un manuscrit datant probablement de la fin de l'année 1790 (« Der Transzendentalen ElementarLehre. Zweiter Teil », R. Lauth, H. Jacob [eds.], J.G. Fichte-Gesamtausgabe, vol. II, 1, *Nachgelassene Schriften 1780-1791*, Stuttgart-Bad Cannstatt, Frommann-Holzboog, 1962, p. 311 *sq.*), Fichte indique que l'« unité » de l'aperception n'est pas celle de la catégorie de la « quantité », mais qu'elle désigne une « unicité » (identité) qualitative dont l'importance systématique réside

l'« aperception », dont il a déjà été question plus haut. Dans l'édition de 1787, Kant la désignera comme le « point suprême » de la philosophie transcendantale[1]. Nous verrons si c'est à l'*imagination* transcendantale ou à l'*aperception* transcendantale qu'il faudra accorder la priorité constitutive.

Ce qui caractérise fondamentalement ces sources subjectives de connaissance, c'est qu'elles permettent de *relier* (*verknüpfen*) nos représentations. Kant appelle « synthèse » ce qui opère précisément ces liaisons. Chaque source est ainsi associée à son type spécifique de synthèse – il y en a donc trois. Dans leur ensemble, ces différents types de synthèse rendent possible « l'entendement [...] »[2]. Cette « triple synthèse »[3] consiste en « l'*appréhension* des représentations en tant que modifications de l'esprit dans l'intuition, en la *reproduction* de celles-ci dans l'imagination et en leur *recognition* dans le concept »[4]. Venons-en maintenant au contenu proprement dit de la « déduction par les synthèses ».

---

entre autres dans le fait que, dans un contexte plus large que celui de la table des catégories, la priorité doit être accordée à la *qualité* et non pas à la quantité. C'est le point de départ d'un renversement par rapport à la présentation kantienne, qui sera ensuite non seulement développé de manière plus détaillée dans l'*Assise fondamentale de toute la Wissenschaftslehre* de 1794/95, mais qui sera aussi déterminant pour Schelling et Hegel.

1. KrV, B 134.

2. KrV, A 97 *sq.*

3. Kant ne précise pas s'il s'agit de trois côtés d'*une* synthèse ou de *trois* synthèses différentes, mais il semble évident que les opérations d'unification de l'appréhension, de la reproduction et de la recognition constituent des types de synthèses différents. Heidegger, au contraire, voit dans ces trois synthèses trois modes de la synthèse pure de l'imagination. Voir l'*Excursus*.

4. KrV, A 97.

LA « DÉDUCTION PAR LES SYNTHÈSES »

L'expérience et la connaissance requièrent, au-delà des intuitions (pures) et des concepts (purs), tels qu'ils ont été établis dans l'esthétique transcendantale et dans la première partie de l'Analytique des concepts, des *synthèses*. Celles-ci sont nécessairement des synthèses de l'*entendement*. Pourquoi Kant introduit-il ce terme de « synthèse » ? Et quelle est sa fonction dans le processus de la connaissance ?

Il existe trois définitions importantes et relativement différentes du terme de « synthèse ».

Premièrement, Kant conçoit la « synthèse », ou le « synthétique », comme une propriété du *jugement*. Il caractérise un jugement de « synthétique » lorsque le prédicat n'est pas contenu dans le sujet et que ce jugement « étend » de ce fait nos connaissances.

En outre, la « méthode synthétique » constitue une *méthode* philosophique particulière. Elle remonte des parties au tout. La méthode analytique, en revanche, part du tout pour le décomposer en ses parties. Autrement dit, la méthode synthétique s'appuie d'abord sur le conditionnant ou les conditions pour arriver *progressivement* au conditionné. La méthode analytique, en revanche, part du conditionné pour remonter de *manière régressive* aux conditions ou à ce qui le conditionne.

Une troisième signification de la synthèse concerne la « liaison » (ou la « connexion ») que nous venons d'évoquer. Cette acception est décisive pour la déduction des catégories[1].

---

1. Nous verrons plus loin quels autres termes de synthèse entrent en jeu dans les liaisons opérées par l'entendement et par l'imagination.

D'un côté, il apparaît qu'au-delà des *types de représentation* qui ont été analysés dans la doctrine transcendantale des éléments, il faut aussi tenir compte des *types de liaisons – à l'intérieur* de chaque représentation et aussi *entre* les différents types de représentations. Les synthèses ne sont rien d'autre que ces types de liaison. D'un autre côté, la limite qui séparait la sensibilité et l'entendement et qui a d'abord été érigée artificiellement par le philosophe transcendantal afin de pouvoir déterminer précisément les éléments de la connaissance et les séparer les uns des autres n'a plus lieu d'être prise en considération parce que dans la connaissance effective elle n'existe pas.

Jusqu'ici, Kant avait examiné en détail les facultés de la sensibilité et de l'entendement – en tant que « souches » principales de la connaissance – et leurs modes de représentation correspondants. À ces deux facultés de connaissance s'ajoute maintenant, comme nous l'avons déjà dit, une troisième faculté : l'imagination. Son rôle consiste à faire en sorte que les concepts et les intuitions, qui ne sont pas « de même nature », puissent se rapporter les uns aux autres. C'est précisément dans ce but qu'est introduit le concept de synthèse. La sensibilité, l'imagination et l'entendement ont donc, en plus de leur propre type de représentation[1], leur propre type de synthèse. Ces trois

---

1. Le mode de représentation propre à l'imagination est le « schème », tandis que le « jugement déterminant » est la faculté de subsumer le particulier (telle ou telle intuition) sous un universel fourni par l'entendement (ici les catégories) *au moyen de ces schèmes de l'imagination.* Nous en dirons davantage dans l'Annexe I qui est consacrée à la première partie principale (« Du schématisme des concepts purs de l'entendement ») du deuxième livre de l'Analytique transcendantale, qui suit immédiatement le chapitre sur la déduction.

types de synthèse sont présentés séparément dans la
« déduction par les synthèses ».

Kant, nous l'avons vu, a insisté, dans le premier alinéa
de la première synthèse, sur l'idée que ce qui importe tout
particulièrement dans cette première déduction de l'édition
de 1781, c'est le *temps*[1]. Voici quel est le principe général
de cette première déduction. Toutes les représentations
sont des modifications de l'esprit ; en tant que telles, elles
sont soumises à la condition formelle du sens interne – le
temps – qui garantit et assure leur ordre, leur liaison et
leur connexion. Quel rôle joue alors le temps dans le rapport
a priori des catégories aux objets ? Il opère dans les trois
cas comme condition *a priori* de la donnée des phénomènes.
Le principe de preuve des trois synthèses repose alors sur
un seul et même argument, déjà mis à contribution dans
l'esthétique transcendantale, selon lequel l'intuition
empirique (ici : la synthèse empirique respective) présuppose
toujours déjà une intuition pure (synthèse pure). Pour
l'explication de la possibilité de l'expérience en général,
les synthèses sont donc nécessaires non seulement au
niveau empirique, mais aussi et surtout au niveau *a priori*,
puisque les intuitions pures du temps (et de l'espace) sont
en effet des conditions de l'expérience (à savoir de la
donnée des objets) et se fondent à leur tour sur ces synthèses.
Nous verrons que Kant met en évidence, pour chaque

---

1. « D'où que proviennent nos représentations, qu'elles soient
produites par l'influence de choses extérieures ou par des causes internes,
qu'elles soient nées *a priori* ou empiriquement, comme phénomènes :
elles appartiennent, en tant que modifications de l'esprit, au sens interne,
et *en tant que telles, toutes nos connaissances sont finalement soumises
à la condition formelle du sens interne, à savoir le temps*, dans lequel
elles doivent être ordonnées, reliées et mises en rapport. C'est là une
remarque générale qui *doit absolument être pris pour fondement dans
ce qui suit* », KrV, A 98 *sq.*

faculté de connaître, une synthèse *empirique* (dans laquelle la synthèse transcendantale est déjà effective) avant de démontrer qu'il est également nécessaire d'admettre une synthèse *pure* qui lui sert de base et qui est à chaque fois appliquée au temps.

Synthèse de l'appréhension dans l'intuition

L'*intuition*[1], le type de représentation spécifique à la sensibilité à laquelle toute connaissance doit ultimement se rapporter, est formée tout d'abord par l'appréhension d'un *divers sensible* dans *une* représentation. Pour cela, le divers doit être *parcouru* avant d'être *rassemblé*. Kant appelle précisément « appréhension » (empirique) (du latin « *apprehendere* » : saisir) l'acte qui s'acquitte de ces deux tâches. Qu'est-ce que Kant entend exactement par cette « appréhension » ?

Trois passages de l'œuvre de Kant nous renseignent sur ce point. Dans la preuve des « axiomes de l'intuition » de la deuxième édition de la *Critique de la raison pure*, l'« appréhension » est définie comme intégrant les phénomènes « dans la conscience empirique »[2]. Dans la *Critique de la faculté de juger* (1790), le concept d'« appréhension » est explicitement assimilé à plusieurs endroits à celui d'« *Auffassung* » (que l'on ne peut traduire autrement que par « appréhension » également). L'*Anthropologie d'un point de vue pragmatique* (1798) précise que

---

1. Certes, l'« intuition » est contenue dans le titre de cette première synthèse, mais, en réalité, elle n'est obtenue que par l'appréhension *et* la reproduction. Cela découle de l'idée importante d'après laquelle une appréhension du divers a pour *condition* transcendantale la reproduction. Cf. *infra*, p. 49-50.
2. KrV, B 202.

cette appréhension se rapporte à des « impressions »[1]. Kant fournit ainsi une explication supplémentaire au concept de « phénomène » introduit dans l'Esthétique transcendantale. En effet, par « appréhension », on comprend comment, dans l'action exercée par l'objet sur la faculté de représentation *via* la sensation, cette sensation devient une représentation consciemment vécue (c'est-à-dire un phénomène perçu). Aussi, dans l'*Anthropologie*, Kant conçoit-il l'appréhension comme un acte « pourvu de conscience »[2].

Cette « conscience » a une autre signification importante. Il ne s'agit pas simplement – comme l'expression « appréhension des impressions » pourrait le suggérer – d'un enregistrement *passif* de ces dernières. La faculté d'intuitionner doit être comprise, comme Kant le dit lui-même à plusieurs reprises, comme une « faculté imageante (*bildendes Vermögen*) » – « *facultas formandi* ». Ainsi, dans le *Cours de métaphysique* « *L1* », Kant explique : « Mon esprit est à tout moment occupé à se former l'image du divers en le traversant. Par exemple, lorsque je vois une ville, l'esprit se forme une image de l'objet qu'il a devant lui, en parcourant le divers »[3].

---

1. I. Kant, *Anthropologie in pragmatischer Hinsicht*, § 7, Hamburg, F. Meiner, 1980, p. 32.

2. *Anthropologie in pragmatischer Hinsicht*, § 4, p. 21. Dans ce passage tardif, l'appréhension est assimilée à l'aperception empirique et donc réduite à la sphère de l'expérience.

3. « Mein Gemüt ist jederzeit beschäftigt, das Bild des Mannigfaltigen, indem es es durchgeht, sich zu formieren. Z. E. wenn ich eine Stadt sehe, so formiert sich das Gemüt von dem Gegenstand, den es vor sich hat, ein Bild, indem es das Mannigfaltige durchläuft », I. Kant, *Akademie-Ausgabe*, vol. XXVIII, p. 236, cité par W. Carl, *Die transzendentale Deduktion der Kategorien*, p. 145.

L'acte d'appréhension est nécessairement un acte *synthétique* – Kant l'appelle une « synthèse [empirique] de l'appréhension ». Il ne doit pas être compris, Heidegger l'a souligné à juste titre, comme un « acte du penser » qui s'accomplirait « après coup »[1]. La synthèse appartient plutôt, d'une part, à l'intuition elle-même, en étant enracinée en elle. Mais, d'autre part, elle appartient aussi à la faculté de penser, car seul l'entendement opère des liaisons et des connexions. Dans la déduction « d'en bas », Kant prend conscience de cette ambiguïté ce qui se traduit par la caractérisation de l'*imagination* ici mise en jeu (et ce, contre Tetens, cf. *infra*) :

> Que l'imagination soit un ingrédient nécessaire de la perception, aucun psychologue n'y a encore pensé. Cela vient du fait que, d'une part, on a limité cette faculté aux seules reproductions et que, d'autre part, on a cru que les sens ne nous fournissaient pas seulement des impressions, mais qu'ils les assemblaient même, et qu'ils produisaient des images des objets, ce qui exige sans doute, outre la réceptivité des impressions, quelque chose de plus, à savoir une fonction de synthèse de ces mêmes impressions[2].

Mais comment passer de la démonstration de la nécessité d'une synthèse *empirique* de l'appréhension à une synthèse *pure* de celle-ci ? Par l'argumentation (authentiquement transcendantale) qui a déjà été esquissée plus haut. Toute expérience met en jeu l'espace et le temps[3]. Mais en tant

1. PIK, p. 346.
2. KrV, A 120 (note de bas de page). Nous reviendrons plus loin sur le statut et la fonction de l'imagination.
3. Kant ne fait pas encore ici la distinction entre la « forme de l'intuition » et l'« intuition formelle ». Voir à ce sujet le paragraphe 26 de la déduction B.

qu'« intuitions formelles », ils ne peuvent être « produits »
que par la synthèse du divers – donc, également, par
l'appréhension. Mais celle-ci ne saurait être une synthèse
empirique de l'appréhension puisque l'espace et le temps
sont *a priori*. Kant en conclut que pour que l'expérience
soit possible, il faut supposer une *synthèse pure de
l'appréhension*. Cette synthèse pure ne peut pas être décrite
directement, elle est seulement une *condition de possibilité*
de l'expérience. Sa *légitimation* est fournie par cette
argumentation transcendantale.

Synthèse de la reproduction dans l'imagination

L'objectif poursuivi par Kant dans la deuxième synthèse
est tout à fait clair, mais la *réalisation* de la preuve est
moins évidente, voire même trompeuse – du moins en
partie. Cela tient au fait que deux aspects bien distincts
sont abordés dans cette synthèse.

D'une part, il s'agit d'expliquer comment une perception
actuelle peut être synthétisée avec une représentation
antérieure (cela concerne le second moment de la formation
d'une intuition). D'autre part, Kant soulève à nouveau le
problème – souvent posé au XVIIIe siècle – de savoir sur
quoi se fonde la « loi de l'association » des « idées » (ou
représentations) dans l'expérience. Cette « loi de l'association » a été décrite, entre autres, par John Locke. Il explique
dans le dernier chapitre du deuxième livre de l'*Essay
Concerning Human Understanding* (1689) qu'il y a

> une [...] liaison d'idées qui dépend uniquement du hasard
> ou de la coutume, de sorte que des idées qui d'elles-mêmes
> n'ont absolument aucune connexion naturelle, viennent
> à être si fort unies dans l'esprit de certaines personnes,
> qu'il est fort difficile de les séparer. Elles vont toujours

de compagnie, et l'une n'est pas plutôt présente à
l'entendement, que celle qui lui est associée, paraît aussitôt
[…].
Cette forte combinaison d'idées qui n'est pas cimentée
par la nature, l'esprit la forme en lui-même, ou
volontairement, ou par hasard […]. La coutume forme
dans l'entendement des habitudes de penser d'une certaine
manière, tout ainsi qu'elle produit certaines déterminations
dans la volonté, et certains mouvements dans le corps :
toutes choses qui semblent n'être que certains mouvements
continués dans les esprits animaux, qui étant une fois
portés d'un certain côté, coulent dans les mêmes traces
où ils ont accoutumé de couler ; traces qui par le cours
fréquent des esprits animaux se changent en autant de
chemins battus, de sorte que le mouvement y devient
aisé et, pour ainsi dire, naturel. Il me semble, dis-je, que
c'est ainsi que les idées sont produites dans notre esprit,
autant que nous sommes capables de comprendre ce que
c'est que *penser*[1].

Hume a approfondi la caractérisation de cette fonction
de l'habitude mise en évidence par Locke. Dans le *Traité
de la nature humaine* (1739), il a explicité, dans la section IV
du premier livre (« De la connexion ou association des
idées »), le lien entre l'association et l'« imagination
(*imagination*) », qui se manifeste par une « attraction
(*attraction*) […] dans le monde mental (*mental world*) »[2].
Une autre approche n'est pas moins importante pour Kant,

1. J. Locke, *Essai philosophique concernant l'entendement humain*,
Livre II, chapitre XXXIII, « De l'association des idées », Paris, Vrin, 1972,
p. 316 *sq.*
2. D. Hume, *A Treatise of Human Nature* [*Traité de la nature humaine*],
Livre I, Partie I, Section IV, « Of the connexion or association of ideas »
[De la connexion ou association des idées], London, Penguin Books,
1969, p. 60.

celle de Johann Nicolas Tetens dans ses *Philosophische Versuche über die menschliche Natur und ihre Entwicklung* (1777). Cet ouvrage constitue l'un des traités les plus importants de la psychologie et de l'anthropologie philosophiques de la seconde moitié du XVIIIe siècle (qui, il est vrai, n'est tombé dans l'oubli que peu de temps après la parution de la *Critique de la raison pure*). Dans la section XIV[1] du « premier essai », intitulée « De la nature des idées », Tetens établit la « loi de l'association des idées ». Entre les différentes possibilités d'interprétation discutées par Tetens, Kant retient en particulier comment – *avant* l'expérience actuellement présente – une représentation a déjà dû être associée à une autre. Et sa thèse consistera dans l'idée que cette loi de l'association doit être comprise comme une loi de la « reproduction ».

Aussi Kant cherche-t-il désormais à démontrer la nécessité d'une « synthèse de la reproduction dans l'imagination ». L'argumentation suit le même procédé que pour la synthèse de l'appréhension. La question de savoir quel type de principe doit être à la base de l'*association empirique entre deux représentations* est alors momentanément perdue de vue (elle ne sera posée de nouveau que lorsqu'il sera question de l'« affinité »). Comment Kant met-il donc en évidence la spécificité de cette synthèse de la reproduction ?

Dans le cas de la synthèse de l'appréhension, il s'agissait de savoir comment, à *un moment donné*, le divers pouvait être rassemblé dans *une* intuition. Ici, il s'agit de démontrer comment il est possible d'avoir une intuition unifiée dans

---

1. J.N. Tetens, *Philosophische Versuche über die menschliche Natur und ihre Entwicklung* (Leipzig, 1777), réédité par U. Roth, G. Stiening, Berlin-Boston, W. de Gruyter, 2014, p. 68-71.

une *durée* continue – Kant ne se demande donc pas sur quoi repose exactement la *loi de l'association* que nous venons d'évoquer, mais il s'interroge sur ce qui rend possible la synthèse de *différentes perceptions du même objet dans le temps* et sur ce qui constitue définitivement l'intuition. Quand par exemple je regarde une maison, j'ai une perception de la façade donnant sur la rue. Puis, je fais le tour de la maison et j'ai une nouvelle perception de l'arrière de la même demeure. Mais qu'est-ce qui permet de dire que les deux perceptions renvoient à la *même* maison ? Pour cela, la perception actuelle (de l'arrière de la maison) doit être mise en relation avec la perception précédente (qui se rapportait à l'avant de cette maison). Or, dans la mesure où plus rien de la perception précédente n'appartient à la perception actuelle, cette mise en relation n'est possible que si la perception précédente est *reproduite* et unifiée avec la perception actuelle. Mais ce n'est pas l'œuvre de la simple sensibilité – en elle, seules les perceptions actuelles sont données. Ce n'est pas non plus le fait de l'entendement – il ne s'agit pas de *penser* la perception passée. Voilà donc pourquoi l'imagination reproductrice entre ici en jeu : c'est elle qui reproduit justement cette perception passée. Un second exemple renoue en revanche avec la loi de l'association des idées : j'associe chaque fois l'été à une nature verte et non à un paysage enneigé. Comment est-il possible que mes perceptions respectives soient homogènes et cohérentes et que je n'aie pas à chaque fois des représentations désordonnées et chaotiques ? (Exemple d'un tel chaos : l'été serait tantôt chaud, tantôt glacial ; l'or serait tantôt jaune, tantôt violet, etc.) Le point décisif réside à nouveau dans l'idée que, au-delà de l'appréhension actuelle, ce qui précède doit être *reproduit* et *uni* (*synthétisé*) avec ce qui est présent, afin que je puisse avoir une représentation homogène et unitaire. Kant attribue l'acte qui effectue cette synthèse à l'*imagination* et le désigne comme « acte de reproduction ». Comme il s'agit derechef d'un acte *synthétique*, Kant l'appelle « synthèse de la reproduction ». Mais il s'agit d'un cas très différent du premier, car la reproduction concerne ici deux représentations différentes (par exemple l'hiver et le froid), alors que dans le premier cas, comme nous l'avons vu, il s'agissait du même objet de la représentation à deux moments différents.

L'argumentation est alors la même que pour la synthèse de l'appréhension : ce qui vaut pour les représentations empiriques vaut aussi pour l'espace et le temps – ils requièrent la synthèse de la reproduction. Donc, pour la même raison qu'antérieurement, elle doit être une synthèse *pure*. Donc, pour que l'expérience – et cela signifie ici tout d'abord : l'intuition – soit possible, il faut supposer une synthèse pure de la reproduction.

Nota bene : Nous sommes ici face à trois difficultés. Premièrement, dans cette reproduction, il faut expliquer le lien entre le niveau pur et le niveau empirique. Deuxièmement, il faut clarifier le rapport entre l'imagination reproductrice et l'imagination productrice. Troisièmement, il faut expliquer le rapport entre les deux aspects évoqués, c'est-à-dire entre ce qui constitue le lien synthétique entre une perception actuelle et une représentation passée, d'un côté, et la loi de l'association des idées, de l'autre, ou du moins expliquer quels principes commandent la loi de l'association empirique. Comme il n'est question ici que de l'« imagination *reproductrice* » et que le concept de l'« imagination *productrice* » n'est introduit qu'ultérieurement (dans la déduction « d'en bas »[1]), nous renvoyons

---

1. KrV, A 123.

sur ce point au passage correspondant. Il s'agit à présent de résoudre la première et la troisième difficulté.

En quoi peut consister le lien entre la constitution *formelle* de l'espace et du temps et des associations qui relèvent d'un *contenu* de la représentation? L'idée même qu'il puisse y avoir un lien entre les deux est-elle plausible? Il semble tout de même douteux que l'on puisse comparer la constitution d'*un* espace et d'*un* temps avec la configuration d'une multiplicité de phénomènes totalement différents – par exemple les couleurs caractéristiques de certains objets, le genre « humain », les saisons, etc. Et pourtant, Kant maintient cette idée. Selon lui, la solution du problème devient évidente si l'on se rend compte que nous avons affaire à des *phénomènes* et non à des choses en soi. C'est le *sens interne* qui est ici déterminé[1]. Il s'agit ainsi de démontrer que le sens interne est déterminé par les synthèses pures. La détermination du contenu n'est finalement pas importante, car il ne s'agit pas pour Kant d'une détermination qui aurait trait à une « teneur réelle », mais de la détermination d'un objet *en général*. Pour préciser cette dernière, il manque cependant encore d'autres éléments : la constitution de l'objet n'est donc pas encore accomplie avec la deuxième synthèse.

Quant au troisième point, il faut dire que le succès de la tentative de Kant de démontrer que la loi de l'association des idées serait fondée sur une synthèse de l'imagination (comme son approche fondamentale semblait d'abord le suggérer) dépend du fait que l'on trouve effectivement un ou plusieurs principes *a priori* de la synthèse de l'imagination et que l'on explique par là les associations empiriques. Mais ce n'est pas le cas. Kant ne met pas en évidence de

---

1. C'est sur cette même idée que s'appuiera la deuxième déduction objective à la fin de la déduction A.

tels principes. Son approche dans la « déduction par les synthèses » se limite uniquement à prouver *qu*'il existe une pure synthèse de l'imagination. Pour la résolution de ce problème, il faut renvoyer aux explications de l'« affinité » que l'on trouve dans la déduction « d'en bas » ainsi que dans la seconde « déduction objective » de la première édition de la *Critique de la raison pure.*

Synthèse de la recognition[1] *dans le concept*

Ce n'est que la troisième synthèse – sur laquelle débouche tout ce qui précède – qui achève cette constitution de l'objet. En effet, un objet n'est effectivement constitué que si je *prends conscience* du lien entre les deux premières synthèses. Cette prise de conscience est assurée par l'« aperception » susmentionnée. Le sous-chapitre qui est consacré à la troisième synthèse est divisé en deux parties. Dans A 103-A 107, Kant développe à peu près la même argumentation que précédemment (donc d'abord au niveau empirique, puis au niveau transcendantal) – mais cette fois-ci justement eu égard à la synthèse de la recognition par l'aperception. La seconde partie, aux pages A 108-A 110, est ensuite consacrée à la nature de l'aperception elle-même

---

1. Le concept kantien de « recognition » remonte à Alexander Gottlieb Baumgarten (1714-1762), si ce n'est à la *Psychologia Empirica* [1738] de Christian Wolff, paragraphes 173 et 175. Pour ses propres cours de métaphysique professés à l'université de Königsberg, Kant s'était appuyé sur la *Métaphysique* de Baumgarten dont il avait une connaissance très précise. Cette influence de Baumgarten est présente dans différents passages de la *Critique de la raison pure*. Dans l'édition posthume (datant de 1783) de la *Métaphysique* de Baumgarten, ouvrage auquel ce dernier a travaillé pendant plusieurs décennies (différentes éditions avaient déjà été publiées de son vivant), il est notamment question de « recognition » au § 432. Celle-ci désigne l'acte de « se rappeler » une représentation qui a déjà été donnée de façon identique auparavant.

pour éclaircir ce qui rend ultimement compte du rapport à l'objet.

À travers les deux premières synthèses il apparaissait ce qui est nécessaire pour qu'une *représentation* intuitive de l'objet soit possible. Il reste maintenant à démontrer comment un objet est représenté en tant qu'*objet*. Kant formule à ce dessein une double thèse : premièrement, le rapport à l'objet n'est possible qu'en vertu du *penser* (qui opère par concepts) ; deuxièmement, ce même rapport est subordonné à la *conscience de soi transcendantale* que Kant appelle donc une « *aperception transcendantale* ». Détaillons ces deux moments de la démonstration.

Les deux premières synthèses permettent, nous l'avons vu, d'ordonner le *divers sensible* – d'abord pour *un* instant, puis pour une *durée* temporelle. Voilà, donc, ce qui est nécessaire à une intuition. Mais le fait de se représenter un *objet* exige aussi une *unité* de ce divers qui doit « former un tout » et qui ne peut donc se limiter à la simple connexion de représentations passées et présentes. La faculté de l'unité et de la synthèse est l'*entendement*. Le type de représentation qui lui est propre est le *concept*. Ainsi, le rapport à l'objet consiste dans le fait de penser le divers intuitif dans un *concept*. Mais qu'est-ce qu'un « concept » et comment le but de la démonstration peut-il être atteint par ce biais ? Le concept est *une* « *conscience* » qui « réunit en une représentation le divers intuitionné successivement [première synthèse] et reproduit par la suite [deuxième synthèse] ». Il faut en effet toujours « qu'il s'y rencontre une conscience », car sans elle, « les concepts, et avec eux la connaissance des objets, sont tout à fait impossibles »[1]. Par « connaissance », Kant n'entend pas ici une connaissance dotée d'une « teneur réelle (*sachhaltig*) », mais seulement le

1. KrV, A 103 *sq.*

rapport à un objet en général qu'il s'agissait encore d'établir. Cette tâche est ainsi pour l'essentiel résolue. Alors que la première synthèse nécessaire consistait en une appréhension dans le *sens* et la deuxième en une reproduction dans l'*imagination*, la troisième synthèse consiste en une « recognition » (littéralement = « re-connaissance »), qui désigne simplement la CONSCIENCE – mettant en jeu le ressouvenir – *de l'identité de ce qui a été perçu avec ce qui a été reproduit*[1]. Kant ajoute encore ce qui a déjà été annoncé et ce qui s'avère maintenant décisif : la troisième synthèse consiste en une recognition dans le *concept*[2] qui établit le rapport à l'objet et qui est lui-même « *conscience de cette unité de la synthèse* »[3]. La troisième synthèse consiste donc en une *re-connaissance par la conscience et dans la conscience* (dans un concept), *laquelle établit le rapport à l'objet.* Il s'agit maintenant de développer dans quelle mesure cette troisième synthèse implique l'aperception transcendantale.

L'objet transcendantal = *X.* Tout d'abord, qu'est-ce que cet *objet* auquel le rapport doit être établi ? Il n'est pas question ici d'une simple représentation, mais bel et bien d'un « objet » (de quelque chose qui « fait face » ou « s'oppose » au sujet de la connaissance et qui empêche que nous ayons affaire à des représentations purement arbitraires ou fictives). Selon l'attitude critique (exprimant la « révolution copernicienne » en philosophie), cet objet ne peut pas être considéré comme *donné* ou *présupposé.* Car sinon, nous n'en aurions qu'une connaissance empirique,

1. *Cf.* KrV, A 115.
2. Cela vaut autant pour les concepts empiriques que pour les concepts purs : tout comme les représentations empiriques sont orientées vers le concept, toute représentation d'un objet *en général* est structurée *a priori* par les catégories.
3. KrV, A 103.

ce qui rendrait impossible toute nécessité, laquelle caractérise fondamentalement toute connaissance. Mais il ne peut pas non plus être « créé » ou « produit » par le sujet, car sinon, nous aurions affaire à ce que l'on appelle un « idéalisme de production » subjectiviste, que Kant rejette résolument. Il en déduit que l'objet ne peut être pensé que comme « quelque chose en général = X »[1]. Dans un autre passage, il le désigne également comme « objet transcendantal »[2]. Or, quel est le statut de cet « objet transcendantal » ? Et comment le lien recherché avec l'objet s'établit-il alors ? Le passage décisif à ce sujet est le suivant (il contient l'une des idées cruciales de toute la *Critique de la raison pure*) :

> [I]l est clair que, comme nous n'avons affaire qu'au divers de nos représentations et comme ce X qui leur correspond (l'objet) n'est rien pour nous puisqu'il doit être quelque chose de différent de toutes nos représentations, l'unité qui rend l'objet nécessaire ne peut être autre que l'*unité formelle de la conscience dans la synthèse du divers des représentations*[3]. Nous disons

1. KrV, A 104.
2. KrV, A 109. Marcus Willaschek distingue trois significations de l'« objet transcendantal », M. Willaschek, « Phaenomena/Noumena und die Amphibolie der Reflexionsbegriffe », in *Kritik der reinen Vernunft – Klassiker Auslegen*, G. Mohr, M. Willaschek (eds.), Berlin, Akademie-Verlag, 1998, p. 334 *sq*.
3. C'est là la conséquence, mise en évidence dans la déduction subjective, de la phrase (déjà citée) de la première déduction objective : « Mais si l'on se trouve dans le second cas [à savoir que la représentation rend possible l'objet], parce que la représentation en elle-même [...] ne produit pas son objet *quant à son existence*, la représentation est néanmoins déterminante *a priori* à l'égard de l'objet, si c'est par elle seulement qu'*il est possible de connaître* quelque chose *comme un objet* », KrV, A 92. La déduction subjective expose en effet ici *comment* il est « possible de connaître quelque chose comme un objet » – à savoir, très précisément, grâce à l'unité synthétique de l'aperception transcendantale.

> alors que nous connaissons l'*objet quand nous avons*
> EFFECTUÉ (*bewirkt*) *une unité synthétique dans le divers*
> *de l'intuition*[1].

Ce qui assure le rapport à l'objet – et c'est effectivement
« clair » une fois que l'on y réfléchit bien –, c'est la *synthèse*
d'unification du divers sensible, qui émane de la conscience
et s'accomplit par cette conscience elle-même (à l'instar
du mouvement d'une « inspiration spirituelle »). L'esprit
resserre en quelque sorte ce qu'il a saisi, ce qu'il a reproduit
et ce qui relève de l'acte de synthèse qui en constitue l'unité
– il « contracte »[2] tout cela – de telle sorte que *l'objectité*
(et non l'objet lui-même !) est en quelque sorte « engendrée »
(et non pas produite !)[3]. Tout cela est commandé par
l'aperception. En d'autres termes, *les catégories ont une*

---

1. KrV, A 105.
2. Il s'agit ici d'introduire *en phénoménologie* ce concept d'une
« contraction phénoménologique », élaboré pour la première fois par
Kant, même s'il n'a pas lui-même utilisé ce terme. Certes, Heidegger
l'avait déjà entrevu à la fin des années 1920, lorsqu'il parle d'une
« contraction préalable et permanente vers l'unité », *Kant und das Problem*
der Metaphysik, F.-W. von Herrmann (ed.), Frankfurt am Main,
Klostermann, 1973, p. 74, mais, jusqu'à présent, les phénoménologues
ne l'ont pas encore évalué à sa juste valeur. Le rapport à l'objet, et par
là même l'objectité, et en fin de compte la relation originaire à la *réalité*
– toujours dans le cadre d'une *expérience possible* – est donc l'affaire
de la *contraction phénoménologique*. Sur le sens de ce concept de réalité
en tant que « toute réalité *possible* pour l'homme », voir la note suivante.
3. Se pose ici la question difficile et très importante, sur le plan
systématique, de savoir quel est le rapport entre cette constitution de
l'*objectivité* et la *réalité en général*. La question de Kant n'est *pas* celle
de la « réalité du monde extérieur ». Kant cherche à démontrer comment
l'objectivité, qui vaut pour *toute réalité* POSSIBLE *pour l'homme*, est
elle-même *possible*. C'est ce que la déduction des catégories est
précisément censée mettre au jour. La réalité empirique peut alors être
conçue comme une « illustration » ou comme une « validation possible »
de la réalité objective.

réalité objective parce que l'aperception effectue, au moyen
de ladite « contraction phénoménologique », une unité
synthétique dans le divers à synthétiser. Kant affirmera
plus tard – et à juste titre – que cette unité synthétique de
l'aperception transcendantale est « le point suprême auquel
on doit rattacher tout usage de l'entendement, ainsi même
que toute la logique, et, à la suite de celle-ci, la philosophie
transcendantale »[1]. Nous avons en effet affaire ici, avec
la constitution de l'objet réalisée de cette manière, à un
aspect tout à fait central de la philosophie transcendantale
comprise comme « idéalisme transcendantal ».

Le concept empirique en tant que « règle ». L'affirmation
selon laquelle tout cela est soumis à la conscience de soi
vise à souligner qu'il s'agit d'un acte *effectivement accompli*
(« *bewirkt* »). Celui-ci s'accomplit selon une « règle ».
« L'unité de la règle détermine tout le divers et le restreint
à des conditions, […] et le concept de cette unité est la
représentation de l'objet = X que je pense par les prédicats
pensés d'un <objet pensé> »[2]. Cette règle qui par définition
porte en elle la *nécessité* constitue donc un concept
(empirique) qui est pensé par la conscience (de soi)
(empirique). Autrement dit, nous avons affaire ici à une
synthèse empirique, à une reconnaissance empirique qui
implique une conscience de soi empirique. Et Kant de
remarquer : « Une unité de la synthèse selon des concepts
empiriques serait tout à fait contingente, et si ceux-ci ne
se fondaient pas sur un principe transcendantal de l'unité,
il serait possible qu'une cohue de phénomènes vienne
remplir notre âme, sans qu'il en pût pour autant jamais

---

1. KrV, B 134 (note de bas de page).
2. KrV, A 105.

résulter aucune expérience[1]. » En quoi consiste ce « principe transcendantal » ?

L'aperception transcendantale. Dans cette déduction, Kant utilise encore une fois le même type d'argumentation que dans les deux premiers cas. Mais cette fois-ci ce ne sont pas (comme dans les deux premières synthèses) l'espace et le temps qui sont au fondement de l'expérience et qui rendent ainsi nécessaire une synthèse transcendantale, mais c'est l'unité de la conscience empirique dans la synthèse du divers qui exige une telle synthèse (bien que Kant aborde aussi brièvement à la fin du raisonnement l'espace et le temps dans le même sens que dans les deux premières synthèses[2]). Pourquoi est-il nécessaire d'admettre cette synthèse transcendantale ? Pour deux raisons. Premièrement, parce que, dans cette synthèse du divers, comme nous venons de le voir, une *règle nécessaire* est appliquée – et « au fondement de toute nécessité se trouve toujours une condition transcendantale »[3] ; deuxièmement, parce que l'aperception empirique n'est pas en mesure de rendre compte de l'*identité* de la conscience de soi (cela constitue une reprise de la critique kantienne de la conception de Hume de l'identité personnelle, dont il a été question plus haut). L'aperception empirique est toujours changeante. Selon Kant, il ne peut y avoir de conscience de soi nécessaire, numériquement identique – donc une conscience de soi qui reste toujours la même – qu'au niveau non empirique, transcendantal. C'est pourquoi il faut présupposer une aperception pure qui est à la base aussi bien de l'aperception empirique que de tous les concepts. Mais

1. KrV, A 111.
2. KrV, A 107 (en bas).
3. KrV, A 106.

comment déterminer précisément la nature de cette unité transcendantale de l'aperception ?

Nous arrivons ainsi à la deuxième partie de la troisième synthèse, dans laquelle Kant fait deux remarques importantes – l'une sur le statut de l'aperception transcendantale et l'autre sur celui du concept (*a priori*) de l'objet en général (donc sur la catégorie).

L'aperception transcendantale n'est pas une substance, un support de propriétés, un substrat auquel on pourrait attribuer un être ou n'importe quelle action (elle est donc, tout comme l'objet transcendantal, un « X » [ou un « Y »]). Quant à l'unité de celle-ci, Kant l'explique en ces termes : « cette unité de la conscience serait impossible si l'esprit ne pouvait, dans la connaissance du divers, prendre conscience de l'identité de la fonction par laquelle cette unité de la conscience lie synthétiquement ce même divers dans une connaissance »[1]. *L'unité de la conscience est donc due à l'activité synthétique grâce à laquelle le divers est synthétiquement lié.* L'aperception transcendantale n'est donc pas un étant (ni, et encore moins, une « substance »), mais une activité synthétique originaire[2].

Or, l'aperception transcendantale se rapporte par des *concepts a priori* à un objet en général (qui est pour nous, comme nous l'avons dit, l'objet transcendantal = X[3]). Il est donc prouvé par là que *les concepts* a priori, *c'est-à-dire les catégories* – déterminées encore plus clairement par

---

1. KrV, A 108.

2. Sur le rapport entre l'unité *analytique* et l'unité *synthétique* de l'aperception, *cf.* le paragraphe 16 de la déduction B. On voit ainsi à quoi se rattache originellement Fichte lorsqu'il développe dans l'*Assise fondementale de toute la doctrine de la science* de 1794/1795 sa conception d'un Moi pur et absolu en tant qu'« activité absolue ».

3. KrV, A 109.

ce biais – *ont une* « *réalité objective* ». Le but de la déduction subjective des catégories est ainsi atteint dans les grandes lignes[1]. En résumé :

> Dans la mesure où cette unité [*scil.* de la conscience] doit être considérée comme nécessaire *a priori* (parce que la connaissance, sinon, serait sans objet), la relation à un objet transcendantal, c'est-à-dire la *réalité objective* de notre connaissance empirique, reposera sur la loi transcendantale selon laquelle *tous les phénomènes, en tant que par eux des objets doivent nous être donnés, se trouvent nécessairement soumis à des règles* a priori *de leur unité synthétique, qui seules rendent possible leur rapport dans l'intuition empirique*, c'est-à-dire qu'ils doivent être soumis dans l'expérience aux conditions de l'unité nécessaire de l'aperception tout autant qu'ils le sont, dans la simple intuition, aux conditions formelles de l'espace et du temps, et même que c'est par elles que toute connaissance devient possible[2].

L'objectif fondamental de la déduction des catégories est ainsi atteint avec la mise en évidence de cette « loi transcendantale ». En quoi consiste cette loi ? Elle commande l'idée qu'un phénomène n'a de rapport à un objet que s'il est soumis à des règles *a priori*. Wolfgang Carl fait remarquer à ce sujet : « Ces règles sont des règles pour une "synthèse de tous les phénomènes d'après des

---

1. Comme les *sources subjectives originaires* – le sens, l'imagination et l'aperception – constituent le point de départ de toutes ces élaborations, il s'agit bel et bien d'une déduction subjective. Mais son but n'est atteint que « dans les grandes lignes » parce que le « comment » de l'application des catégories n'a justement pas (encore) été exposé avec suffisamment de précision.

2. KrV, A 109 *sq.*

concepts"[1]. Comme les règles fondent la possibilité de la synthèse des phénomènes d'après des concepts, elles sont considérées comme des règles de l'unité synthétique des phénomènes. Or, cette unité détermine la survenue ou la présentation des phénomènes en tant qu'objets de l'intuition empirique : ils sont dans un rapport d'unité synthétique entre eux et ne sont accessibles empiriquement que de cette manière »[2].

Nota bene : Dans la « déduction par les synthèses », on peut mettre en évidence encore un tout autre aspect qui concerne l'origine des « trois modes du temps ». Au début de la preuve des « Analogies de l'expérience » dans la première édition de la *Critique de la raison pure*, Kant identifie ces « modes du temps » à « la *permanence*, la *succession* et la *simultanéité* »[3]. L'une des thèses de cette interprétation phénoménologique de la déduction kantienne des catégories consiste à montrer que ces modes temporels *sont constitués dans les trois synthèses de l'entendement* de la déduction A. Il s'agit là d'un approfondissement significatif de l'argumentation transcendantale kantienne qui s'appuie en effet sur la nécessité de montrer que le temps (et l'espace) sont les conditions *a priori* de toute expérience et qu'il faut pour cela à chaque fois rechercher les synthèses qui les constituent.

Qu'est-ce qu'un « mode » selon Kant ? Ce concept diffère de celui chez Spinoza dans la mesure où il n'est pas une expression (nécessaire) de la substance, mais une

1. KrV, A 108.
2. W. Carl, *Die Transzendentale Deduktion der Kategorien in der erste Auflage der* Kritik der reinen Vernunft. *Ein Kommentar*, op. cit., p. 187.
3. KrV, A 177/B 219.

détermination spécifique d'un contenu (plus) général de la représentation d'une entité logique, sachant que cette détermination ne découle pas nécessairement de ce dernier[1]. Le mode qui caractérise le temps de la façon la plus spécifique est le mode de la *permanence* : « La permanence exprime en général le temps comme constituant le corrélat constant de toute existence des phénomènes, de tout changement et de toute relation d'accompagnement »[2]. La succession temporelle, tout comme la simultanéité, présuppose la permanence du temps. Comme on l'a vu dans ce qui précède, la première déduction transcendantale des catégories de l'édition de 1781 aboutit à l'idée que la *forme* de la possibilité de l'expérience consiste dans l'unité synthétique de l'aperception des phénomènes[3]. Or, ce qui est décisif c'est que cette même possibilité de l'expérience contient également les conditions *a priori* de la *détermination* nécessaire et permanente du *temps* de toute existence dans les phénomènes, ainsi que les règles de l'unité synthétique *a priori* au moyen desquelles l'expérience peut être anticipée[4]. Quelles sont donc ces « conditions *a priori* de la détermination transcendantale temporelle (*transzendentale Zeitbestimmung*) » et ces « règles » qui permettent l'« anticipation de l'expérience » ? Le temps est constitué par les *synthèses de l'entendement*. À chaque mode du

---

1. Voir à ce sujet K. Düsing, « Objektive und subjektive Zeit. Untersuchungen zu Kants Zeittheorie und zu ihrer modernen kritischen Rezeption », *Kant-Studien* 71, 1980, p. 6 ; H. J. Paton, *Kant's Metaphysics of Experience*, vol. 2, p. 163 *sq.* ; H. Vaihinger, *Kommentar der Kritik der reinen Vernunft*, vol. 2, p. 394 *sq.*

2. KrV, A 183/ B 226. Voir également B 224-225, A 144/B 183, A 41/B 58 et B 278.

3. KrV, A 217/B 264.

4. *Ibid.*

temps correspond une synthèse spécifique[1] (Kant ne s'est certes pas exprimé à ce sujet ; la Déduction transcendantale et l'Analytique des Principes doivent être lues de manière croisée pour pouvoir l'établir). La synthèse de l'appréhension dans l'intuition constitue la *succession* temporelle (parce qu'un divers doit être *parcouru* pour pouvoir être appréhendé dans une intuition), la synthèse de la reproduction dans l'imagination constitue la *simultanéité* (parce que *différentes* perceptions qui durent sont ici rassemblées *en une seule*) et la synthèse « suprême », celle de la recognition dans le concept, constitue le mode temporel le plus important – celui de la *permanence*.

Il faut encore noter qu'en mettant en évidence la constitution des déterminations transcendantales temporelles par les trois synthèses de l'entendement, on ne dévalue pas la « découverte fondamentale de la *Critique de la raison pure* » consistant dans l'élaboration d'une science « entièrement nouvelle »[2] de la sensibilité (esthétique transcendantale), ni ne réhabilite l'un des principaux arguments de l'école de Marbourg du néo-kantianisme,

1. Dans son exposition du principe des « Analogies de l'expérience », Kant affirme qu'il existe trois « modes du temps » : la permanence, la succession temporelle et la simultanéité. Mais en réalité, il s'agit de deux modes différents, dont l'un contient deux aspects (ce qui n'enlève rien à la prééminence du mode de la permanence). En effet, l'argument principal de Kant consiste à affirmer que toute constitution temporelle, toute durée, présuppose quelque chose d'« objectif », à savoir la substance et la causalité. Tout ce qui est temporel est à la fois permanent et inscrit dans une succession. Ces deux aspects composent donc la durée qui doit être distinguée du mode temporel de la simultanéité. Husserl opposera à cette conception une description de la constitution du temps qui déconnectera la temporalité de l'objectivité.

2. M. Fichant, « "L'espace est représenté comme une grandeur infinie donnée" : La radicalité de l'Esthétique », in *Kant*, J.-M. Vaysse (dir.), « Les cahiers d'Histoire de la philosophie », Paris, cerf, 2008, p. 10.

selon lequel les formes de la sensibilité sont des « outils de construction de l'objectivité d'une expérience qui doit être celle de la science mathématique de la nature »[1], ce qui affirmerait la subordination de l'esthétique à la logique. L'objectif ici est plutôt d'exhiber les sources transcendantales de ces déterminations transcendantales temporelles afin d'indiquer que cela exige en effet une lecture conjointe (et enchevêtrée) de la première déduction des catégories et de l'Analytique des principes.

L'idée majeure de la déduction par les synthèses, nous insistons, consiste *donc* en ceci que *les catégories ont une réalité objective (ou que le rapport des catégories à l'objet est établi) grâce au fait que l'aperception transcendantale effectue, par la « contraction phénoménologique », une unité synthétique dans le divers à synthétiser*. Cela ne signifie pas que nous aurions d'un côté des représentations (pures) (les catégories) et de l'autre des objets (extérieurs) et que nous nous demanderions comment ce rapport entre des entités préexistantes est établi, mais – et c'est absolument décisif – que la possible objectivité de l'objet n'*est* « *engendrée* » en général que par le fait que l'aperception met une unité synthétique dans le divers. Ce qui est en question ici, c'est le « *comment* » *de la constitution d'un objet possible en général*. *Avant* cette (effectuation d'une) synthèse par l'aperception, *il n'y a pas du tout d'objet possible*. Nous avons donc affaire ici à la réponse à une *quaestio iuris* : cette réponse rend en effet compte de la *légitimité* de l'usage des catégories en montrant comment le possible objet en général est engendré (en tant que présupposé fondamental de l'explication du rapport à cet

1. M. Fichant, « "L'espace est représenté comme une grandeur infinie donnée" : La radicalité de l'Esthétique », art. cit., p. 13.

objet [ce qui revient, comme nous l'avons déjà souligné à plusieurs reprises, à la définition même de la déduction transcendantale]).

Résumons de façon concise toutes les étapes essentielles de la « déduction par les synthèses ».

La « déduction par les synthèses » est essentiellement une déduction « d'en bas ». Mais il apparaît au cours de l'argumentation que chaque pas a pour condition le pas suivant. En ce qui concerne tout l'enchaînement constitutif, le mouvement d'en bas s'accompagne alors d'un mouvement d'en haut[1]. Il s'avère ainsi que toute une série d'*oppositions* culminent dans une *unité* ultime (et que la déduction d'en haut prend donc effectivement son point de départ dans une unité).

La première étape de la « déduction par les synthèses » consiste à *appréhender* plusieurs représentations en une seule (par exemple, les *différentes* perspectives d'une maison dans celle d'*une seule et unique* maison). Certes, ces différentes perspectives s'inscrivent dans une succession temporelle, mais ce qui est essentiel, c'est que différentes représentations d'un objet sont appréhendées en une seule représentation (par la synthèse de l'appréhension). La première opposition est donc celle entre différents aspects d'un objet et la représentation unitaire de celui-ci.

Or, l'appréhension de différentes représentations en une seule suppose que chaque nouvelle perception puisse être mise en relation avec la ou les perceptions précédentes. Pour cela, étant donné que notre capacité d'enregistrement

---

1. C'est pourquoi la « déduction par les synthèses » sera divisée dans la section suivante en une déduction « d'en haut » et une déduction « d'en bas ». Et dans la mesure où elle est une déduction subjective, cela vaut également pour ces deux dernières.

est fortement limitée et qu'elle ne peut porter que sur une perception à la fois, les perceptions précédentes doivent être *reproduites* (pour peu que chaque nouvelle perception repousse effectivement les perceptions précédentes en dehors de la conscience actuelle) – ce qui est la tâche de la synthèse de la reproduction dans l'imagination. Sinon, nous aurions à chaque fois une perception d'un être supposé indépendant, et non pas une représentation d'un objet *unitaire* qui persiste dans le temps à travers les différentes perceptions. La deuxième opposition est donc celle entre la perception *actuelle* et les perceptions *antérieures*.

Mais pour que cette synthèse entre ce qui est actuellement présent et ce qui est présentifié puisse avoir lieu, il faut qu'il y ait une *conscience* du fait que dans la perception présente j'ai le *souvenir* de la *même* perception (d'ores et déjà passée) – c'est-à-dire que j'en aie une « *recognition* ». C'est ce dont répond la synthèse de la recognition dans le concept. La troisième opposition est donc celle entre la *conscience* du présent et la *conscience* du passé.

Dans une quatrième étape, l'unité recherchée sera alors atteinte. La condition de l'unité de la conscience de la représentation passée et de la représentation présente est la *conscience de soi* (aperception). Dans la conscience de soi (Moi = Moi), nous n'avons plus d'opposition, mais une unité originaire. Mais comment s'établit alors le rapport à l'objet ?

Ce rapport à l'objet ne revient pas à une simple juxtaposition entre le sujet et l'objet mais à la mise en évidence d'une corrélation dans laquelle le sujet se trouve dans une *relation constitutive* avec l'objet. Cela veut dire que tant l'objet que le sujet entrent dans ce rapport à l'objet et que les deux – le sujet (ou l'aperception) et l'objet –

possèdent un type de stabilité spécifique (Kant parle de leur « identité », qui ne signifie ni une permanence, ni une substantialité). Comment Kant clarifie-t-il ces deux termes ?

Quelle est d'abord la nature et l'identité de l'objet transcendantal = X ? Il s'agit d'établir le rapport à X sans faire de X une chose en soi ou sans en rester à un simple objet nouménal. C'est pourquoi Kant caractérise X de telle sorte que l'unité et l'identité de cet objet transcendantal sont « effectuées (*bewirkt*) » par l'aperception transcendantale – dans la mesure où l'unité formelle de cette dernière est en quelque sorte « mise » dans X. Nous appelons cette « effectuation » une « contraction phénoménologique ».

Et quel est le statut de l'identité de l'aperception transcendantale ? Tout comme l'objet transcendantal, elle ne possède pas de substantialité présupposée, donnée d'avance. Aussi Kant peut-il établir un lien entre la *conscience* de cette identité (dans la mesure où, sur un plan *ontologique*, cette identité même ne saurait être démontrée [*cf.* le chapitre sur le paralogisme]) et l'identité de l'objet transcendantal : la conscience de l'identité de l'aperception transcendantale consiste dans la conscience de l'acte synthétique au moyen duquel le divers est synthétisé. En ce qui concerne l'identité de l'aperception transcendantale, on ne peut donc aller au-delà de la conscience d'une activité pure.

Ainsi, la constitution du rapport à l'*objet* – dont l'unité n'est nullement présupposée et l'élucidation de la conscience de l'identité de la *conscience de soi* se trouvent dans un rapport de *médiation réciproque*. Cela invalide toutes les objections à l'encontre de la déduction des catégories qui voient dans le rattachement de la conscience de l'identité de l'aperception transcendantale à la conscience de l'unité de l'acte de synthèse du divers une pétition de principe[1].

Explication provisoire de la possibilité des catégories, en tant que connaissances a priori

Quatre conséquences découlent de ce qui a été acquis dans cette première déduction subjective.

1) Il n'y a qu'une seule expérience – et ce caractère unique est dû à l'unité synthétique des phénomènes, en vertu de l'aperception transcendantale, conformément à des concepts. Mais la *concordance* (*Einstimmigkeit*) de l'expérience reste encore à expliquer, car il ne semble y avoir d'accès à une telle concordance qu'à travers l'*expérience elle-même*, ce qui, bien entendu, ne peut pas valoir pour la fondation de la connaissance (celle-ci étant nécessairement indépendante de cette dernière) – et pourtant, cette notion y joue un rôle tout à fait important. Nous reviendrons sur ce point lorsqu'il sera question de l'« affinité ».

2) Une autre conséquence concerne le rapport entre l'« expérience » et les « objets de l'expérience » : « *Les conditions* a priori *d'une expérience possible* en général *sont en même temps les conditions de* possibilité *des* objets *de l'expérience* »[2]. Cette proposition reprend d'une manière plus générale une idée déjà exprimée dans la démonstration de la possibilité du rapport à l'objet[3]. En effet, pour Kant,

---

1. C'est précisément l'une de ces « obscurités » qui existeraient, d'après Sollberger, dans la déduction des catégories, *cf.* D. Sollberger, « Über einige "Dunkelheiten" in Kant Kategoriendeduktion », *Zeitschrift für philosophische Forschung*, janvier-mars 1994, volume 48, cahier 1, p. 83.

2. KrV, A 111 (souligné par nous). *Cf.* également A 158/B 197.

3. KrV, A 105.

les conditions sous lesquelles nous pouvons avoir des *connaissances* de l'objectité (*Gegenständlichkeit*) sont précisément aussi les conditions de cette possible *objectité* elle-même. Cela exprime encore d'une autre façon l'idée fondamentale d'une révolution copernicienne en philosophie.

Cette proposition doit alors être prise à la lettre : c'est en accomplissant effectivement les *conditions de l'expérience* – à savoir les opérations de synthèse relevant de l'aperception transcendantale – que l'objet possible est tout d'abord engendré dans son *objectité*. Cela implique que « […] d'après le programme kantien de la légitimation de la connaissance, les questions de la validité et les questions du "comment" sont tellement liées entre elles que c'est seulement à partir de leur liaison que l'objectif de la déduction peut être atteint »[1].

3) En outre, il s'agit de clarifier le rapport entre l'« association » et l'« affinité ». Dans l'expérience, certains phénomènes sont constamment associés à d'autres phénomènes (par exemple : le Dieu de la Bible à la création, le président de la République au pouvoir, le feu à la chaleur, le soleil à la lumière, la tomate à la rougeur, etc.). Ces associations ont d'abord lieu au niveau empirique. Il se pourrait, en théorie, qu'elles soient purement subjectives et qu'elles ne correspondent à rien du côté de l'« objet ». Mais *si* une telle correspondance existe effectivement, il faut faire valoir – pour en rendre compte – de ce que Kant nomme l'« affinité » qui désigne « ce qui fonde la possibilité de l'association du divers, en tant que celui-ci réside dans l'objet »[2]. Cela veut dire que nous ne pouvons concevoir d'autre objet que celui qui repose en son sein sur l'affinité.

1. D. Sollberger, « Über einige "Dunkelheiten" *in* Kant Kategorien-deduktion », art. cit., p. 78.
2. KrV, A 113.

L'affinité est donc au fondement de l'idée de la *concordance de l'expérience* (voir ci-dessus). C'est pour ainsi dire la réponse rationnelle (critique) de Kant aux explications magiques ou mystiques des rapports entre les choses ou encore à la célèbre conception de Swedenborg selon laquelle des facultés suprasensibles seraient nécessaires pour comprendre ces mêmes rapports.

Mais comment expliquer précisément cette affinité? Sur quoi se fonde-t-elle? Selon Kant, l'affinité transcendantale des objets n'est rien d'autre que l'affinité transcendantale de l'aperception transcendantale elle-même, celle-ci étant pour ainsi dire « projetée » dans celle-là :

> Étant donné que [l']identité [de l'aperception transcendantale] doit nécessairement intervenir dans la synthèse de tout le divers des phénomènes en tant qu'elle doit devenir une connaissance empirique, les phénomènes sont soumis à des conditions *a priori* auxquelles leur synthèse (la synthèse de l'appréhension) doit être constamment conforme. Or, la représentation d'une condition générale d'après laquelle un certain divers *peut* être posé (donc d'une façon identique) s'appelle une règle, et lorsqu'il *doit* être posé ainsi, elle s'appelle une loi. Ainsi tous les phénomènes se trouvent-ils dans une liaison continue selon des lois nécessaires, et donc dans une affinité *transcendantale* dont l'affinité *empirique* est la simple conséquence[1].

L'affinité s'explique donc par ce concept de loi dans l'unité synthétique de l'aperception transcendantale. On comprend ainsi sur quoi reposait la loi empirique de l'association dont il était question dans la synthèse de la reproduction dans l'imagination.

1. KrV, A 113.

4) Le dernier point concerne l'élucidation du fait
« déconcertant », voire « absurde », qu'une faculté
subjective puisse prescrire ses lois à la nature. Ici encore,
la « faculté radicale de toutes nos connaissances », à savoir
précisément cette aperception transcendantale, est mise à
contribution en soulignant que la nature est l'« ensemble
global (*Inbegriff*) des *phénomènes* ». En effet, en livrant
le « principe interne »[1] de la connexion de tous les objets
de l'expérience (dont la nature elle-même constitue le
« concept »[2]), elle est l'unité en vertu de laquelle la nature
peut être conçue comme nature. En d'autres termes, l'unité
de celle-ci est fondée sur l'unité de l'expérience dont il
vient d'être question. Cela exclut qu'il puisse y avoir

---

1. KrV, A 419/B 446 (note de bas de page). Dans la même note, Kant
fait la distinction entre un concept « formel » et un concept « matériel »
de la nature. Le concept matériel de la nature correspond à l'ensemble,
à la totalité des phénomènes en tant qu'objets de l'expérience. Le concept
formel de la nature, c'est la « connexion (interne) des déterminations
d'une chose ». *Cf.* aussi les deux premières phrases de la Préface des
Metaphysische Anfangsgründe der Naturwissenschaft (1786) : « Si le
mot nature est pris simplement dans un sens *formel*, puisqu'il signifie le
premier principe interne de tout ce qui appartient à l'existence d'une
chose, il peut y avoir autant de sciences de la nature qu'il y a de choses
spécifiquement différentes, dont chacune doit contenir son propre principe
interne des déterminations qui appartiennent à son existence. Sinon, la
nature est aussi prise au sens *matériel*, non pas comme une qualité, mais
comme l'ensemble global (*Inbegriff*) de toutes les choses, dans la mesure
où elles peuvent être *objets de nos sens*, et donc aussi de l'expérience,
ce qui revient donc à la totalité des phénomènes, c'est-à-dire au monde
sensible, exception faite de tous les objets non sensibles », *Akademie-
Ausgabe*, vol. IV, Berlin, 1911, p. 467.

2. I. Kant, *Prolegomena zu einer jeden künftigen Metaphysik, die
als Wissenschaft wird auftreten können* (1783), § 16.

plusieurs mondes – une hypothèse avec laquelle Kant
s'était débattu depuis ses travaux de jeunesse[1].

Du rapport de l'entendement aux objets en général et de la possibilité de les connaître a priori

Suite à la « déduction par les synthèses », Kant procède
à une deuxième exposition de la déduction transcendantale
des catégories. Pour justifier cette nouvelle amorce, il se
contente d'indiquer qu'il s'agit pour lui de l'*unité* et de la
cohérence de l'exposé en général[2]. Mais la véritable raison
(et c'est une autre thèse de cette interprétation phénoménologique) pourrait être la suivante : comme nous l'avons
déjà remarqué dans une note de bas de page, la première
déduction ne répond pas encore de manière satisfaisante
à la question du « comment » de l'usage des catégories.
(Et c'est justement la réponse à la question du « comment »
– celle du mode de donation concrète des phénomènes –
qui caractérise la perspective proprement phénoménologique.)
Ainsi, la déduction subjective n'a pas encore atteint son
but. D'où cette nouvelle tentative.

Deux points sont en tout cas frappants. 1) Le deuxième
exposé de la déduction se divise à son tour en deux parties
contenant chacune une déduction complète. D'abord, il

---

1. Et ce, dès son premier traité *Gedanken von der wahren Schätzung
der lebendigen Kräfte und Beurtheilung der Beweise derer sich Herr
von Leibnitz und andere Mechaniker in dieser Streitsache bedienet haben*
(1746), AA, vol. I, p. 22, ou la *Nova dilucidatio* (1755), *ibid.*, p. 411.
Voir à ce sujet W. Ritzel, « Die transzendentale Deduktion der Kategorien
1781 und 1787 », dans *Beiträge zur Kritik der reinen Vernunft 1781-1981*,
I. Heidemann, W. Ritzel (eds.), Berlin, W. de Gruyter, 1981, p. 137 *sq.*

2. Cela pose certes la question légitime de savoir pourquoi Kant ne
s'est pas contenté d'une *seule et même* déduction.

commence « d'en haut », par l'aperception pure[1] ; et ensuite, il prend son départ « d'en bas », à partir de l'« empirie », c'est-à-dire à partir de la perception[2]. 2) Kant ne se réfère plus maintenant au temps (ni à l'espace)[3] (ce qui justifie que des synthèses pures sont au fondement des synthèses empiriques), mais il oppose simplement un fondement *a priori* à chacune des trois sources *empiriques* (et subjectives) de la connaissance.

LA DÉDUCTION « D'EN HAUT »

La déduction « d'en haut » se divise en trois moments.

Kant explique tout d'abord en quoi consiste le point suprême et en même temps initial de cette déduction.

Quel est le point le plus élevé de la connaissance ? Toute connaissance a deux composantes : une composante qui relève de l'*expérience* et une composante qui assure une *unité*. La connaissance requiert de l'unité pour toute expérience possible. Le point le plus élevé de cette unité est l'« aperception pure ». C'est de là que doit partir la déduction « d'en haut ». Cela signifie que toute connaissance – et cela signifie tout d'abord : toute intuition – doit (pouvoir) être *intégrée dans la conscience*. Sans conscience, il ne peut y avoir de connaissance. Cette conscience ne désigne pas une conscience d'objet, mais une *conscience de soi*. Celle-ci a deux caractéristiques : elle est *identique* et *synthétique*. Le sujet de la connaissance est conscient de son *identité* dans le flux de ses représentations qu'il

1. KrV, A 115-A 119.
2. KrV, A 119-A 128.
3. Le raisonnement en deux étapes de la déduction B (§ 20-21 et § 26) ne reproduit pas ce mouvement, car le second moment, du moins y correspond à une déduction « d'en haut ».

doit pouvoir accompagner. Mais cette conscience n'a aucune *objectivité* et elle n'est pas non plus *donnée*. La conscience de son identité éclot plutôt dans l'*acte de synthèse* qui relie nécessairement les représentations – et c'est précisément en cela que consiste le caractère *synthétique* de la conscience. « Ainsi, l'aperception pure livre un principe de l'unité synthétique du divers dans toute intuition possible »[1].

Cette dernière « proposition » contient à son tour trois idées qui expliquent de façon plus approfondie ce que nous venons d'exposer et qui rendent compréhensibles les caractéristiques susmentionnées de la conscience de soi.

1) Comme nous venons de le souligner, toutes les représentations doivent pouvoir être *conscientes*, c'est-à-dire qu'elles doivent avoir un rapport avec une *conscience* (*empirique*) *possible*. Kant définit la conscience comme la « représentation du fait qu'une autre représentation est en moi » ; c'est la « condition générale de toute connaissance en général »[2]. Or, la conscience empirique a, quant à elle, un rapport nécessaire à une conscience transcendantale, c'est-à-dire à la conscience de soi, à l'aperception originaire[3].

---

1. KrV, A 116 *sq.*
2. I. Kant, *Logik* (« Jäsche-Logik »), *Akademie Textausgabe*, vol. IX, Berlin, W. de Gruyter, 1968, p. 33.
3. La différence entre la conscience empirique et l'aperception transcendantale ne doit pas être confondue avec celle entre la conscience empirique et la conscience pure. Cette dernière distinction intervient dans la démonstration du principe des « Anticipations de la perception » (B 208). La « conscience pure » se distingue de la « conscience empirique » uniquement « selon le degré », c'est-à-dire dans la mesure où la matérialité, c'est-à-dire la sensation, est plus ou moins soustraite à la conscience empirique. Et dans les « Anticipations de la perception », la conscience est comprise comme une dimension de l'intuition, ce qui renvoie à un tout autre concept de conscience que celui dont il est question dans le chapitre de la déduction transcendantale.

Il en résulte, pour Kant, qu'*il ne peut y avoir de conscience sans conscience de soi*. C'est une *proposition synthétique*. Le fait que la conscience empirique implique la conscience transcendantale de soi est reconnu a priori. Il s'agit donc d'un *jugement synthétique a priori*. Cette proposition n'est pas n'importe quelle proposition synthétique *a priori*, mais « le principe absolument premier et synthétique de notre penser en général »[1].

(Trois questions se posent à partir de là : en quoi consiste exactement le caractère *synthétique* de cette proposition ? Kant contredit-il cette conception dans la deuxième édition lorsqu'il affirme que le « principe de l'unité nécessaire de l'aperception est […] identique, donc une proposition *analytique* »?[2] Quel est le rapport entre ce principe et le « principe *suprême de tous les* jugements synthétiques *a priori* » ?

Le fait que les différentes consciences *empiriques* doivent être liées dans une conscience de soi unifiée est nécessairement un jugement *a priori* parce que cette « conscience de soi unifiée » n'est pas empirique, mais transcendantale et que cette liaison est, comme nous l'avons dit, reconnue a priori. Mais pourquoi ce jugement est-il également *synthétique*? Le fait que je sois conscient de *différentes* représentations empiriques et qu'elles soient *reliées* dans *une* conscience de soi repose sur le fait que ces représentations, dans la mesure où elles sont *conscientes*, sont pensées par *moi*. Ce « Moi » est *un* et, en tant que tel, il est tout d'abord *analytiquement* un. Mais le fait qu'il soit en plus *identique* n'est pas contenu dans cette liaison. Le caractère synthétique de la proposition consiste donc

1. KrV, A 117 (note de bas de page).
2. KrV, B 135.

dans le passage du « Moi » un [quantité] au « Moi »
identique. – Le fait que le « Moi » soit « un » et qu'il
constitue une unité *qualitative* avant d'être une unité
quantitative[1] a d'ailleurs déjà été souligné par Fichte.

Le « principe de l'unité synthétique de l'aperception »
ne coïncide pas avec le principe selon lequel toute conscience
a toujours pour condition la conscience de soi. Ce principe-là
affirme ce qui n'était que le premier pas dans le point
précédent, à savoir l'idée que les représentations sont
précisément *mes* représentations. Une représentation
m'appartient parce qu'un Moi *analytique* la synthétise
avec toutes mes autres représentations et qu'il en résulte
une « unité synthétique » de cet ensemble. Mais le fait que
le moi soit également *identique* n'est pas [encore] exprimé
par là. Dès lors, cette proposition-là est analytique tandis
que le second principe est synthétique. C'est la raison pour
laquelle ces deux principes doivent bel et bien être
distingués.

Or, pour Kant, le fait que toute conscience implique
l'aperception transcendantale est, *en philosophie*, pour
autant que celle-ci est censée être une « science », le
principe auquel tous les autres jugements synthétiques *a
priori* doivent être reconduits. De même que, chez Descartes,
l'« *ego cogito* » constitue le *critère de certitude* pour toute
connaissance possible [une connaissance n'est en effet une
connaissance, pour Descartes, que si elle n'est pas moins
certaine que la certitude que j'ai d'exister lorsque je pense],
ce principe synthétique suprême est la condition
fondamentale de tout jugement synthétique *a priori* en

---

1. J. G. Fichte-Gesamtausgabe, vol. II, 1, *Nachgelassene Schriften
1780-1791*, *op. cit.*, p. 311 *sq.*

philosophie[1]. Cela répond donc à la troisième question –
les deux principes coïncident. Cette réponse implique par
ailleurs l'idée que « les conditions de *possibilité de
l'expérience* [...][2] sont en même temps des conditions de
possibilité des objets de l'expérience », car ce qui est
contenu dans le « principe suprême » fait que les conditions
suprêmes de possibilité de l'expérience ont une fonction
constitutive de l'objet. Au fait que la « contraction
phénoménologique » est « effectuée » se rattache donc
l'idée que cette « effectuation » peut et doit être légitimée
transcendantalement).

Nous avons déjà souligné plus haut que le « Moi »,
l'aperception transcendantale, était certes conscient, mais
qu'il n'avait pas de « quiddité » (*Washeit*) et qu'il n'était
pas non plus donné. Kant souligne donc qu'il ne peut être
considéré dans son *existence effective* (*Wirklichkeit*), mais
seulement en tant que « *faculté* ». Cela signifie-t-il qu'il
ne livre ici que des conditions de possibilité *purement
formelles* de la connaissance ? Cette conception ne serait
pas plus plausible que celle qui interprèterait cette faculté
de manière psychologique et génétique. Au cœur de la
déduction des catégories se justifie ainsi une interprétation
phénoménologique des rapports ici exposés qui ne s'en
tient pas purement à la lettre kantienne, mais qui révèle
les conditions implicites et les conséquences de la position
de l'auteur de la première *Critique*.

2) Dans un deuxième temps, Kant s'interroge sur la
nature de l'unité synthétique *a priori* du divers dans toute
intuition possible. Celle-ci est due à la *synthèse pure de
l'*IMAGINATION, car elle seule est capable de rassembler le
divers dans une connaissance. Kant explique qu'il ne peut

---

1. *Cf.* également KrV, A 158/B 197.
2. KrV, A 158/B 197.

s'agir que d'une synthèse *productrice* de l'imagination, car elle doit être *a priori*, alors que la synthèse reproductrice de l'imagination repose sur les conditions de l'*expérience*. C'est un exposé plus clair que celui de la « déduction par les synthèses »[1] où il était partout question de « reproduction » – même au niveau *non empirique*. Cette synthèse pure de l'imagination concerne simplement la liaison *a priori* du divers, c'est-à-dire qu'elle est, dans la mesure où elle est en outre dans un rapport nécessaire à l'aperception originaire, « la forme pure de toute connaissance possible » en général. Kant avance ainsi d'un pas par rapport à la « déduction par les synthèses ». Mais on ne comprend toujours pas *comment* cette liaison est réalisée concrètement moyennant l'imagination transcendantale. Pour cela, le lecteur doit attendre l'interprétation de la déduction B. (Même la déduction « d'en bas » ne répondra pas de manière satisfaisante à cette question).

3) Comment la déduction « d'en haut » s'achève-t-elle ? Dans quelle mesure les *catégories* interviennent-elles dans cette déduction ? Nous avons vu que c'était grâce à l'unité de l'aperception – et en incluant l'unité de la synthèse de l'imagination – que la représentation du divers, pour autant que celui-ci se rapporte à une expérience possible, est unifiée. Or, cela s'accomplit précisément au moyen des catégories – si l'on tient compte du fait que la table des catégories est « le relevé de tous les concepts originairement purs de la synthèse que l'entendement contient *a priori* [...] »[2]. Cela implique, selon Kant, que l'« entendement pur est un principe formel et synthétique de toute expérience *par la médiation des catégories*[3] et que les phénomènes

1. KrV, A 101 *sq.*
2. KrV, A 80/B 106.
3. Kant définit ici les catégories d'une autre manière – en tant que connaissances pures *a priori* « qui contiennent l'unité nécessaire de la

ont une relation nécessaire à l'entendement »[1]. Ainsi, la validité objective des catégories est prouvée de façon latérale, en quelque sorte, dans la mesure où c'est par l'aperception synthétique pure que le rapport à l'objet est établi et que les catégories y correspondent simplement aux différentes manières dont ces synthèses sont effectuées.

LA DÉDUCTION « D'EN BAS »

Sans produire une justification particulière[2], Kant expose une troisième déduction subjective – la déduction « d'en bas ». Elle est la version la plus convaincante (et aussi la plus complète) des trois déductions subjectives de l'édition de 1781. Cette déduction « d'en bas » part de la faculté de connaître inférieure ainsi que du « type de représentation » qui lui correspond. Elle suit une série

synthèse pure de l'imagination eu égard à tous les phénomènes possibles », KrV, A 119. Cette idée inspirera Heidegger dans sa lecture de la déduction A. *Cf.* l'*Excursus*.

1. *Ibid.*

2. Dans l'article cité « Die transzendentale Deduktion der Kategorien 1781 und 1787 » – et R. Schäfer le suivra sur ce point (cf. *supra*, p. 35, note 2) –, W. Ritzel détermine la deuxième section de la déduction A comme une déduction subjective et la troisième section comme une déduction objective. Son argumentation s'appuie sur l'idée que dans le premier cas, on établit simplement le rapport à un « *objet en général* », tandis que dans le deuxième cas, ce rapport est étendu au phénomène ou à l'*objet de l'expérience*, ce qui permet tout d'abord d'atteindre le but principal de la déduction *objective*. Cette lecture est intéressante en raison d'un certain parallélisme avec la déduction B, dans laquelle est suivie une démarche similaire (de l'intuition *en général* à *notre* intuition – celle des *sens*). Mais, et c'est ce qu'il s'agit ici de souligner, la structure des déductions « d'en haut » et « d'en bas » est *identique* à celle de la « déduction par les synthèses » – à la seule exception près que, dans la troisième section de la déduction A, Kant spécifie le rôle de l'imagination productrice, ainsi que son intellectualisation par l'aperception transcendantale. Par conséquent, il s'agit manifestement

(empirique) bien déterminée : appréhension – reproduction – association – recognition.

La faculté de connaître inférieure est la sensibilité, son objet est nommé « phénomène » (« *Erscheinung* » et non pas « *phaenomenon* »). S'il est accompagné par la conscience, le phénomène[1] s'appelle « perception ». Voilà le point de départ. Mais une perception ne se présente pas de manière isolée, elle est toujours multiple. Pour que le divers puisse être rassemblé dans *une* intuition (Kant parle ici d'« image »[2]), un acte de synthèse est nécessaire – la synthèse de l'« *appréhension* ». Celle-ci est ici attribuée à l'*imagination*, car les sens ne sont pas en mesure d'établir par eux-mêmes une telle liaison[3].

dans les trois cas de déductions subjectives. Cela est d'autant plus vrai que, dans la critique de la déduction objective, formulée plus haut au paragraphe 14, il est apparu clairement que c'est précisément la tâche de la déduction subjective que d'expliquer la possibilité de se rapporter à l'objet de l'expérience pour rejeter l'idée qu'il pourrait s'agir d'une simple « élucubration ».

1. Kant écrit certes « phénomène », mais il serait plus correct de lire « sensation », car la perception est une sensation accompagnée de conscience.

2. KrV, A 120, A 121. L'« image » désigne ici le phénomène synthétiquement *lié* « entre » le phénomène et la chose en soi. C'est une précision très importante pour l'idéalisme transcendantal qui passe souvent inaperçue. Bergson utilisera, dans *Matière et mémoire* [1896], un concept d'image tout à fait similaire – à savoir, selon sa propre expression, « entre la "chose" et la "représentation" ».

3. La note de bas de page que Kant ajoute ici (en A 120) pourrait être modifiée de la manière suivante, afin de faire ressortir plus clairement son idée fondamentale : « Que l'imagination soit un ingrédient nécessaire de la perception, aucun psychologue n'y a encore pensé. Cela vient du fait que, d'une part, on a limité cette faculté aux reproductions et que, d'autre part, on a cru que les sens ne nous livraient pas seulement des impressions, mais qu'ils les assemblaient par *eux-mêmes* et qu'ils produisaient ainsi des images des objets. Mais pour cela, il faut sans doute, outre la réceptivité des impressions, quelque chose de plus, à savoir une fonction de synthèse de celles-ci. Cette fonction de synthèse

Or, il ne doit pas seulement y avoir une telle liaison *à l'intérieur* d'une représentation, mais aussi entre toutes les *séries* possibles de représentations, sinon on serait toujours prisonnier de ses représentations actuelles et on ne pourrait pas prendre conscience d'un lien avec d'autres représentations. Pour cela, il faut un deuxième acte de synthèse de l'imagination que Kant appelle la synthèse de la « *reproduction* ». L'appréhension et la reproduction sont toutes deux empiriques.

Dans une prochaine étape, Kant met en évidence, deux principes ou règles de la reproduction – un principe *empirique* et un principe *objectif*. Tournons-nous d'abord vers le principe empirique de la reproduction.

Si ce qui est appréhendé et ce qui est reproduit flottaient dans l'esprit sans être liés, il n'y aurait toujours pas de connaissance (pas plus que dans le cas précédent). Le lien qui relie de manière adéquate ce qui est reproduit à ce qui est sans cesse de nouveau appréhendé est une « association » – terme qui décrit de manière appropriée la communauté des deux. Voilà, donc, ce qu'il en est du principe *empirique*.

Mais la reproduction d'après les règles de l'association exige en outre un principe *objectif*. L'association n'a lieu que dans l'esprit : encore faut-il établir si quelque chose correspond effectivement à ce qui est associé de la sorte, si les perceptions ainsi associées sont légitimement – c'est-à-dire « objectivement » – « associables ». Kant revendique un tel principe objectif et le nomme « affinité ». En quoi est-il fondé ?

L'affinité rend compte du fait que les perceptions appréhendées et les perceptions reproduites peuvent se

n'est précisément *pas* contenue dans les sens, mais doit plutôt provenir de l'*imagination*. C'est pourquoi l'imagination est effectivement déjà un ingrédient nécessaire de la perception. »

présenter dans *une* conscience. Seule l'*unité de cette même conscience* peut expliquer cette affinité. Autrement dit, ce qui est au fondement de l'affinité c'est l'unité de l'aperception. Pour que l'expérience et la connaissance soient possibles, les phénomènes doivent être reliés synthétiquement d'une manière objectivement nécessaire, c'est-à-dire non seulement par appréhension, reproduction et association [ce qui fait également apparaître le rôle important de l'*imagination* dans la fondation de l'affinité], mais aussi et surtout d'une manière qui introduit l'*objectivité* dans les perceptions, et ce, en accord avec ladite unité de l'aperception. Il s'agit maintenant d'expliquer plus clairement que précédemment le rapport entre l'aperception pure et l'imagination productrice dans la déduction des catégories.

Le passage A 123-A 125 est d'une importance capitale à cet égard. L'argumentation qui est développée dans ces quatre alinéas peut être présentée sous forme d'un syllogisme :

> *Majeure* : *L'imagination transcendantale* (*productrice*) – en tant que faculté de l'unité nécessaire dans la synthèse du divers – *est la condition de possibilité de l'expérience*[1] (et du coup aussi de l'« affinité » des phénomènes[2]) parce qu'elle joue un rôle médiateur entre le divers de l'intuition et l'entendement unificateur qui contient la condition de l'unité nécessaire de l'aperception[3].
>
> *Mineure* : À l'imagination – qui n'accomplit que des synthèses *sensibles* – s'ajoute l'*aperception*[4], puisque

1. KrV, A 123 ainsi que A 124.

2. KrV, A 123.

3. Mais, comme nous l'avons déjà souligné plus haut, la façon dont intervient spécifiquement l'imagination productrice n'est pas non plus détaillée ici.

4. *Ibid.*

c'est seulement par elle que les fonctions de l'imagination peuvent être *intellectualisées*[1], c'est-à-dire que c'est par l'aperception que les *catégories* sont appliquées en vertu de cette même imagination à l'intuition sensible[2].

Conclusion : Donc, les catégories ont une réalité objective, car c'est sur elles « que se fonde toute unité formelle dans la synthèse de l'imagination, ainsi que, par son intermédiaire, tout usage empirique de celle-ci (dans la recognition, la reproduction, l'association, l'appréhension), cela en descendant jusqu'aux phénomènes, puisque ceux-ci ne peuvent appartenir à la connaissance et en général à notre conscience, par conséquent à nous-mêmes, que par l'intermédiaire de ces éléments »[3].

Quelle est alors, dans cette déduction A, la source de connaissance la plus élevée ? Dans la déduction B, l'*aperception transcendantale* sera identifiée comme point suprême. Ici, c'est également le cas – et cela confirme ainsi ce qui a déjà été établi à la fin de la « déduction par les synthèses » ainsi qu'au début de la déduction « d'en haut ». Si l'imagination productrice figure certes parmi les conditions de possibilité de l'expérience, la priorité n'en revient pas moins à l'aperception. Ce n'est que grâce à cette dernière qu'une synthèse *sensible* peut établir le *rapport à l'objet*[4]. Et les catégories, qu'il s'agit ici de

---

1. L'intellectualisation des fonctions de l'imagination est un autre aspect essentiel de la « contraction phénoménologique ».

2. *Ibid.*

3. KrV, A 125.

4. Dans la déduction B, Kant inversera ce rapport : ce n'est que dans les paragraphes 24 et 26, après avoir démontré la validité des catégories pour le divers d'une intuition donnée *en général* (ce qui établit le *rapport à l'objet* [qui correspond au premier pas s'achevant au § 21]), qu'il montre comment cette validité peut également être démontrée pour notre intuition *sensible*.

déduire, en sont tributaires, car c'est conformément à elles qu'a lieu la synthèse qui établit ce rapport à l'objet. En résumé, dans cette déduction « d'en bas », Kant montre que seule l'intellectualisation nécessaire de l'imagination transcendantale – qui met justement en jeu les catégories – garantit la synthèse objective du divers de l'intuition.

Cette section s'achève par une réflexion sur la relation entre l'entendement pur et la nature. Rappelons d'abord deux définitions. L'*entendement* est la *faculté des règles* ou, si elles sont objectives, *des lois*. Kant considère cette définition comme plus pertinente que celle qui souligne la dimension *unifiante* de l'entendement. L'entendement a donc bel et bien un « contenu » au-delà de son pouvoir de synthèse : il est la faculté des *principes de toute expérience*. La *nature* consiste dans l'unité synthétique du divers des phénomènes selon des règles.

L'entendement n'abstrait pas les lois à partir des phénomènes, mais il prescrit les lois à la nature, il en est le législateur : « sans entendement, il n'y aurait pas de nature, c'est-à-dire il n'y aurait pas d'unité synthétique du divers des phénomènes selon des règles »[1]. Kant ajoute que l'ordre et la régularité de la nature sont pour ainsi dire « déposés » dans celle-ci par l'entendement, et même que « [t]ous les phénomènes, en tant qu'expériences possibles, résident *a priori* dans l'entendement et en reçoivent leur possibilité formelle »[2]. L'entendement est donc « la source des lois de la nature et par conséquent de l'unité formelle

---

1. KrV, A 126 *sq.*

2. KrV, A 127. Kant répond au reproche d'intellectualisme (que l'on pourrait éventuellement lui adresser ici), en donnant, moyennant l'unité de l'aperception, un fondement *transcendantal* à la légalité nécessaire des phénomènes dans l'expérience (A 127). La philosophie transcendantale doit donc être distinguée en toute clarté de l'intellectualisme dogmatique.

de la nature, [...] et toutes les lois empiriques ne sont que des déterminations particulières des lois pures de l'entendement ; c'est seulement en se soumettant à celles-ci et d'après leurs normes qu'elles sont possibles et que les phénomènes reçoivent une forme légalisée »[1]. C'est très précisément ainsi que la nature peut être comprise comme « l'unité nécessaire, c'est-à-dire *a priori* certaine, de la liaison des phénomènes »[2]. En d'autres termes, tout cela repose sur l'idée, et c'est par là que la synthèse de la recognition s'avère à nouveau être la synthèse déterminante, que l'expérience effective est constituée de l'appréhension, de l'association reproductive et de la recognition, et que c'est *cette dernière* qui est au fondement des catégories qui rendent possible l'unité formelle de l'expérience. Selon Kant, c'est uniquement par ce biais que la connaissance empirique obtient une « vérité », c'est-à-dire une « validité objective ». Cela veut dire, pour résumer, que « l'unité formelle dans la synthèse de l'imagination » assure l'usage empirique des facultés de connaître et que cet usage empirique est à son tour fondé sur l'aperception transcendantale qui garantit – au moyen des catégories – l'unité synthétique du divers des phénomènes selon des règles. La validité objective des principes subjectifs de l'unité synthétique consiste en ce qu'ils sont les « principes de la possibilité de connaître un quelconque objet dans l'expérience »[3]. L'idée d'un « mettre dans »[4] est donc liée à celle d'un « rendre possible », ce qui montre bien que le

1. KrV, A 127 *sq.*
2. KrV, A 125.
3. KrV, A 125 *sq.*
4. « Nous ne connaissons *a priori* des choses que ce que nous y *mettons* nous-mêmes », KrV, B XVIII.

concept de « nature » est finalement lui aussi lié au concept du « rendre possible ». Kant de conclure :

> L'entendement pur est donc, dans les catégories, la loi de l'unité synthétique de tous les phénomènes, et ainsi est-il ce qui, le premier et originairement, rend possible l'expérience quant à sa forme. Dans la déduction transcendantale des catégories, nous n'avions pas à nous acquitter d'une autre tâche que de faire comprendre ce rapport de l'entendement à la sensibilité et, par l'intermédiaire de cette dernière, à tous les objets de l'expérience, par conséquent de rendre compréhensible *a priori* la validité objective de ses concepts purs et d'établir ainsi leur origine ainsi que leur vérité[1].

La dernière phrase montre sans ambiguïté que Kant rattache la dernière idée à la tâche principale dont doit s'acquitter la déduction objective. On peut en déduire qu'il considère la déduction objective comme conciliable avec la déduction subjective qui vient d'être accomplie.

Que peut-on dire, enfin, sur le rapport entre la déduction « d'en haut » et la « déduction « d'en bas » ? Toutes deux sont des déductions subjectives. Et elles aboutissent toutes deux à un résultat identique : le rôle constitutif de la « contraction phénoménologique » et de l'imagination est mis en évidence dans les deux cas. On peut néanmoins constater des différences marquantes entre les deux. D'une part, la déduction « d'en bas » insiste davantage sur l'*intellectualisation* nécessaire (par l'aperception pure) de l'*imagination productrice* que ne le faisait la déduction « d'en haut » et elle met ainsi en évidence, comme nous l'avons vu, un autre aspect essentiel de la « contraction

1. KrV, A 128.

phénoménologique ». D'autre part, la déduction « d'en bas » expose mieux en quoi consiste exactement le rapport entre les principes *a priori* de l'entendement et les lois empiriques de la nature. Mais ce point dépasse la tâche spécifique de la déduction des catégories et ne sera repris que dans le chapitre qui traite du système de tous les principes de l'entendement pur.

PRÉSENTATION SOMMAIRE DE L'EXACTITUDE ET DE L'UNIQUE POSSIBILITÉ DE CETTE DÉDUCTION DES CONCEPTS PURS DE L'ENTENDEMENT

La dernière section de la déduction A contient une *quatrième* version de la déduction des catégories. Cette déduction, qui constitue de nouveau une déduction *objective*[1], part de l'idée, caractéristique de l'idéalisme transcendantal kantien, selon laquelle nous avons affaire, dans la connaissance, à des *phénomènes* et elle se demande ensuite pourquoi il est nécessaire que les catégories soient à la base des connaissances empiriques et les précèdent – ce qui caractérise très précisément, d'après l'indication fournie dans l'introduction, la tâche spécifique de la déduction objective. Détaillons cette argumentation.

---

1. Contrairement aux trois déductions précédentes, qui procédaient selon la méthode « synthétique », Kant utilise ici la méthode « analytique ». Comme nous l'avons déjà remarqué dans l'introduction, ces deux types de méthodes fournissent, au-delà de la « staticité » et de la « dynamicité », un critère fiable pour justifier cette caractérisation des différents types de déductions dans la déduction A.

Le « phénomène » signifie que l'objet est « en nous »[1].
Cette approche dépasse le cadre général de la première
déduction objective et aura des conséquences importantes.

L'objet est *en* nous veut dire qu'il constitue une série
de déterminations qui reviennent au *soi identique*. (L'objet
est toujours donné dans des perceptions diverses qui sont
reliées entre elles dans une « image » ; et celles-ci nécessitent
à chaque fois l'identité de l'aperception.)

L'objet constitue une série de déterminations du *soi
identique* signifie ensuite qu'il est nécessaire qu'une
aperception identique sous-jacente engendre une unité
continue de ces déterminations.

Cette *aperception identique* est la *forme de toute
connaissance des objets*.

---

1. Revenons encore une fois à l'objet : l'objet est le terme générique
pour le « phénomène » et la « chose en soi » (lorsque, par ailleurs, le
phénomène *conscient* est *lié de manière synthétique*, il s'agit d'une
« image » qui exprime le rôle fondamental de l'imagination). Le phénomène
et la chose en soi sont deux points de vue différents sur un seul et même
objet. Dans le premier cas, on tient compte du rapport du sujet de la
connaissance à cet objet et, dans le second cas, il est fait abstraction d'un
tel rapport. Par ailleurs, l'objet transcendantal = X est l'expression du
rapport *purement formel* à « quelque chose en général », tandis que la
« chose en soi » est au fondement des phénomènes et de leur teneur
« réelle », *sans que l'on puisse dire quoi que ce soit sur le* « *contenu* »
de la chose en soi et sans que l'on puisse supposer en particulier un effet
causal *qu'elle exercerait sur le sujet* – la « causalité » étant une catégorie
qui ne peut être appliquée qu'à l'*expérience*, la chose en soi étant au
contraire *au-delà* de toute expérience. Tous les commentateurs qui
reprochent à Kant de se contredire à propos de la chose en soi – le plus
célèbre étant F.H. Jacobi, selon qui « sans cette présupposition [de la
chose en soi] on ne peut pas entrer dans le système [kantien], et avec
cette présupposition on ne peut pas y rester » (*Sur l'idéalisme transcendantal*
[1787], Supplément à *David Hume sur la foi*, Darmstadt, WBG, 1968,
p. 304) – se méprennent donc sur le statut de la chose en soi dans la
première *Critique*.

Il y a donc une forme, relevant de l'entendement, de la connaissance des objets synthétisés par l'imagination et par l'aperception pures qui (*scil.* la forme de la connaissance) *précède* la connaissance des objets[1] en rendant possible *a priori* à la fois l'entrée du divers de l'aperception dans la conscience et la pensée (au moyen des catégories) des objets. On voit donc que Kant retrouve dans cette déduction objective le « principe absolument premier et synthétique de notre penser en général ».

Cette déduction s'achève en ces termes :

> Des concepts purs de l'entendement sont donc […] nécessaires […] parce que notre connaissance n'a affaire qu'à des phénomènes dont la possibilité réside en nous-mêmes, dont la liaison et l'unité (dans la représentation d'un objet) ne se rencontrent qu'en nous, par conséquent doivent précéder toute expérience, ainsi que la rendre d'abord possible quant à sa forme. Et c'est d'après ce principe, seul possible entre tous, qu'a été conduite toute notre déduction des catégories[2].

En d'autres termes, *si* les objets ne sont pas des choses en soi, mais des phénomènes, alors ils doivent être fondés sur une aperception transcendantale qui leur confère une unité par le biais des catégories. Ces objets *sont* en effet des phénomènes. Donc, il faut supposer une aperception transcendantale opérant de la manière indiquée avec les catégories, c'est-à-dire répondant de l'unité des phénomènes. C'est précisément sur cela que se fonde la réalité objective des catégories.

---

1. Fichte reprendra et généralisera cette idée au début de l'*Exposition de la Doctrine de la science* de 1801/02 (voir par exemple le § 9), lorsqu'il déterminera le savoir transcendantal, « absolu », comme un « savoir formel » qui présente une autoréférentialité aperceptive.

2. KrV, A 130.

Il est remarquable que Kant insiste sur l'idée d'une déduction « unique » – ce qui semble surprenant en raison de la pluralité des déductions proposées (cinq au total jusqu'à présent). Mais cela s'explique facilement, car nous avons déjà souligné que la tâche de la déduction transcendantale en général, dont on s'est acquittés dans la déduction objective, coïncide avec celle de la déduction subjective. Le fait que la déduction soit « unique » n'exclut cependant pas que, en raison de la complexité de sa matière, différentes approches soient nécessaires et différents modes d'exposition possibles. Avant de le montrer plus avant dans la déduction B, il s'agira d'abord de présenter l'interprétation de la déduction A par Heidegger qui ouvre des perspectives qui n'ont pas encore été abordées jusqu'ici.

EXCURSUS : L'INTERPRÉTATION HEIDEGGÉRIENNE DE LA DÉDUCTION A

Pour l'interprétation heideggérienne de la déduction kantienne des catégories (dans la première édition de la *Critique de la raison pure*), on peut se référer aussi bien au cours de 1927/28 *Interprétation phénoménologique de la* Critique de la raison pure *de Kant* qu'à l'ouvrage *Kant et le problème de la métaphysique*, paru en 1929. Nous nous appuierons principalement sur le cours parce que le chapitre sur la déduction y est traité de manière plus précise et plus approfondie que dans le fameux « *Kantbuch* ».

Heidegger identifie d'emblée le *problème gnoséologique fondamental*[1] de la première *Critique* – celui du rapport

---

1. PIK, p. 57. Plus loin, Heidegger concrétise également le « problème fondamental de la "Critique" » de la manière suivante : « Comment le temps et le Je pense, qui sont des déterminations de la subjectivité,

de nos *représentations* à un *objet*. Qu'est-ce qui confère à nos représentations une *réalité* ? Heidegger cite dans ce contexte la lettre de Kant à Markus Herz du 21 février 1772 : « Je me suis en effet posé la question : sur quel fondement repose le rapport de ce que l'on appelle en nous "représentations" à l'objet[1] ? » Une première thèse de la lecture ici présentée est la suivante : Heidegger fait de la question de la déduction des catégories la question fondamentale de toute la première *Critique*. Nous verrons que la même problématique commande déjà la recherche du fil conducteur de la table des catégories et qu'elle s'étendra ensuite jusque dans le chapitre sur le schématisme.

La méthode phénoménologique

Heidegger assimile la méthode critique de Kant à la méthode de la phénoménologie en général[2]. Selon lui, l'approche phénoménologique n'est pas *empirique* (c'est-à-dire qu'elle ne se réfère ni à une conscience *psychologique présupposée* ni à un concept *anthropologique* de l'humain), mais elle ne relève pas non plus, bien entendu, de n'importe quel type de *logique formelle*. La phénoménologie va *au-delà* de la psychologie et de la logique. Elle fait donc appel à une dimension qui a sa propre légalité et qui ne peut être réduite ni au psychologisme ni au formalisme[3].

---

peuvent-ils s'unir dans cette subjectivité ? Pour poser une question encore plus radicale : comment cette subjectivité *est-elle* elle-même, dans sa constitution fondamentale, de telle sorte qu'elle est en mesure d'unifier quelque chose comme le temps et le Je pense ? », *op. cit.*, p. 162.

1. PIK, p. 53.
2. PIK, p. 71.
3. PIK, p. 324.

Comment faut-il comprendre exactement ce niveau ou cette sphère phénoménologique spécifique ? Ce qui est ici décisif c'est le rôle fondamental de la « *subjectivité* ». Comme Husserl et Fink l'ont toujours explicitement souligné, la phénoménologie met en avant le *sujet* dans son *rapport à l'object(iv)ité* (Heidegger caractérise ce rapport comme un « comportement du *Dasein* existant »[1]). D'une part, le rapport sujet-objet est transposé au niveau de la *représentation*[2]. Et, d'autre part, le caractère *intuitif* de la connaissance est également souligné[3]. Mais dans tout cela, ni la « subjectivité », ni le « sujet », ni la « représentation », ni l'« intuition » ne doivent être compris comme actuellement présents ou comme empiriquement accomplis (« dans » la *psychè*). Leur statut relève de la *phénoménologie transcendantale*, ce qui présuppose toujours l'application des outils méthodologiques de l'*épochè* et de la réduction. La phénoménologie n'est donc ni un empirisme (Locke, Berkeley, Hume), ni un rationalisme (Descartes, Spinoza, Leibniz). Elle n'est pas une philosophie de la nature (au sens de Schelling) ni un idéalisme absolu (au sens de Hegel). Et elle n'est pas non plus un naturalisme ou un formalisme (ce qui rend absurde tout rapprochement entre la phénoménologie et le cognitivisme, et plus généralement toute tentative de « naturalisation » de la conscience et de l'intentionnalité). La phénoménologie est un *idéalisme transcendantal* qui vise l'élucidation du sens, c'est-à-dire la *Sinnbildung*, le « sens se faisant ». Et la tâche décisive ici – aussi bien pour la philosophie transcendantale de Kant que pour la phénoménologie – est de montrer comment le rapport à un objet, ou à l'objectité, est possible (ainsi,

1. *Cf.* PIK, p. 71-72.
2. PIK, p. 148.
3. PIK, p. 83.

Husserl désigne déjà assez tôt [en 1907] le « problème de la transcendance » comme le « problème directeur de la critique de la connaissance »[1] et donc de la phénoménologie transcendantale).

Mais Heidegger va encore plus loin. Pour lui, la phénoménologie n'est pas seulement une méthode spécifique qui permet de saisir le rapport sujet-objet de manière *adéquate*, c'est-à-dire de manière *transcendantale-phénoménologique* et non pas seulement de manière empirique-réelle, mais elle vise encore, d'après lui, la *fondation de la philosophie* en général[2]. Plus précisément, la méthode phénoménologique consiste à *rendre visible et à déterminer le fondement* (*Fundament*). Concrètement, cela signifie, *lorsqu'elle s'applique à la philosophie transcendantale de Kant*, qu'elle a pour but de mettre en évidence le principe commun et originaire (c'est-à-dire précisément le « fondement ») de l'Esthétique transcendantale et de la Logique transcendantale[3]. *Dans la phénoménologie transcendantale*, ce « fondement » consiste dans la constitution transcendantale du sujet[4]. Heidegger conçoit donc l'interprétation phénoménologique comme une « explication – relevant de l'ontologie fondamentale – de structures fondamentales »[5] – ces structures étant, à ses yeux, celles du « *Dasein* » (on peut laisser cela de côté ici) ou, pour le dire de manière plus générale, celles de la subjectivité transcendantale. Ces deux aspects essentiels sont bien entendu liés. Ce n'est que dans la mesure où le

1. E. Husserl, *L'idée de la phénoménologie*, *Husserliana II*, W. Biemel (éd.), La Haye, M. Nijhoff, 1950, p. 36.

2. PIK, p. 72.

3. PIK, p. 79.

4. PIK, p. 332.

5. PIK, p. 318.

rapport du sujet à l'objet est rendu plausible qu'il est possible de répondre à la question de la fondation de la philosophie.

Un troisième aspect est sans aucun doute le plus controversé, mais il n'est pas moins important sur le plan philosophique. Pour Heidegger, la focalisation sur la logique et – surtout – sur le fait de laisser de côté l'imagination dans l'élucidation des rapports constitutifs n'est très précisément *pas* phénoménologique[1]. Cela signifie, à l'inverse, que la phénoménologie revendique fondamentalement la primauté de l'imagination vis-à-vis de la perception objectivante[2].

Rapport à l'objet et « connaissance ontologique »

La tâche principale de la logique transcendantale est d'expliquer le rapport à l'objet[3]. Se pose alors une « *question d'origine (Ursprungsfrage)* », celle de l'« origine des déterminations intellectuelles des objets »[4].

Heidegger opère alors un *déplacement* au niveau du contenu[5]. Ce déplacement concerne le concept du « transcendantal ». Au lieu de se limiter à la question *kantienne* de savoir comment le rapport *a priori* à l'objet (X) est possible, il interprète – et c'est là une deuxième thèse de cette lecture – la question de la « possibilité transcendantale » de la connaissance synthétique comme celle de la « *Sachhaltigkeit* (teneur "réelle") » en tant que « possibilité *réelle* (*reale Möglichkeit*) ». Aussi, la question

---

1. PIK, p. 318.
2. Cela devient tout à fait clair dans la phénoménologie du XXIe siècle. *Cf.* notamment l'œuvre de Marc Richir.
3. PIK, p. 175.
4. PIK, p. 185.
5. *Cf.* PIK, p. 186 *sq.*

du rapport possible à l'objet est-elle substituée subrepticement par celle de la « *connaissance ontologique* »[1]. Heidegger ouvre ainsi la perspective de la « constitution de l'être de l'étant (*Seinsverfassung des Seienden*) » là où, chez Kant, il s'agit simplement de la possibilité du rapport *a priori* à l'objet. La subreption de la « *Sachhaltigkeit* » sous le concept du transcendantal, alors que celui-ci ne signifie en réalité que la possibilité de se rapporter à l'objet, constitue la principale déviation de l'interprétation heideggérienne de Kant par rapport au texte kantien lui-même. Ce geste est bien réfléchi et se fait à bon escient, car Heidegger est parfaitement conscient de la véritable problématique transcendantale, qui concerne la pensée du *rapport* a priori *à l'objet*[2]. Il revient à mettre sur un pied d'égalité la « vérité transcendantale » et la « vérité ontologique »[3]. Cette même idée s'exprime enfin à travers la manière dont Heidegger caractérise la thématique fondamentale de la déduction transcendantale, qu'il interprète de façon conséquente comme une « méthode d'investigation *ontologique* des éléments de la connaissance pure »[4].

L'interprétation heideggérienne
du § 10 de la Critique de la raison pure

Il[5] s'agit, dans ce paragraphe, de déterminer l'origine des catégories à partir de l'entendement pur. Le concept de « synthèse » (qui, comme nous l'avons vu, a plusieurs significations) est central à cet égard. La signification ici

---

1. « Ontologi(qu)e » signifie ici, nous le verrons, que Heidegger fait du temps et de l'imagination un principe substantiel (« ontologique ») au fondement de tout rapport du sujet à l'objet.

2. *Cf.* PIK, p. 193, 329, 333 *et passim*.

3. PIK, p. 194.

4. PIK, p. 215.

5. Sur toute cette lecture, *cf.* PIK, p. 264-292.

en vigueur est celle qui concerne le « rapport aux objets »[1]. Pour Heidegger, ce rapport est prioritairement dû à l'imagination[2]. Il reconnaît à cette faculté une « double fonction »[3]. L'imagination est « fonction » *et* « intuition » – sachant que cette intuition ne repose pas sur une affection[4]. Le pas décisif qui caractérise toute l'approche de Heidegger et par lequel, comme nous l'avons dit, il *s'écarte* fondamentalement de Kant, consiste à déplacer du *côté de l'objet* ce qui revient *épistémiquement* à l'imagination, à savoir le fait d'être *intuitionnante* – ce qui revient à une *ontologisation* de l'imagination. Au lieu de laisser le caractère « imageant (*bildend*) » de l'imagination exclusivement du côté de la connaissance, Heidegger en fait quelque chose d'« objectivement *un* d'une pluralité (EIN *Gegenständliches von Mehreren*) »[5]. De façon correspondante, l'imagination est conçue comme une faculté imageante dont la synthèse pure est une « unification imaginative » d'un « *contenu* » déterminé – à savoir « d'un pur *divers temporel* (*Zeitmannigfaltigkeit*) »[6]. Heidegger formule ce déplacement qui concerne le contenu dans les termes suivants : « Cette unité de la synthèse pure [de l'imagination] n'est pas simplement l'unité vide d'un concept en général, mais elle est une unité qui provient de la synthèse elle-même, c'est-à-dire du divers du temps[7]. » À partir de là, Heidegger peut alors énoncer sa thèse principale concernant l'origine des

---

1. PIK, p. 265.

2. PIK, p. 279.

3. PIK, p. 278.

4. C'est dans ce « *Fungieren* » intuitif que réside ce que nous appelons une « construction phénoménologique », *cf.* A. Schnell, *Qu'est-ce que la phénoménologie transcendantale ?*, Grenoble, J. Millon, 2020.

5. PIK, p. 275.

6. PIK, p. 282.

7. PIK, p. 283.

catégories : « *Le concept pur de l'entendement n'est pas du tout donné par la fonction purement logico-formelle du jugement, mais il provient de la synthèse imaginative, relative à l'intuition, c'est-à-dire au temps* »[1]. L'origine des catégories n'est pas la fonction du jugement, mais la synthèse pure de l'imagination ! C'est d'elle que procède « le concept pur de l'entendement »[2].

Cette ontologisation de la fonction de l'imagination, qui donne déjà ici un contenu aux catégories, est, si l'on s'en tient au texte de Kant, incompatible avec ce dernier. Heidegger le reconnaît, c'est pourquoi il dit clairement à la fin du paragraphe 21 que « l'imagination et l'entendement sont en lutte ». Mais pour pouvoir déterminer l'*origine* des catégories, il faut accorder, insiste-t-il, toute l'attention à la remarque suivante :

> La première chose qui doive nous être donnée *a priori* en vue de la connaissance de tous les objets est le divers de l'intuition pure ; la *synthèse* de ce divers par l'imagination est la deuxième chose, mais elle ne fournit encore aucune connaissance. Les concepts qui donnent l'*unité* à cette synthèse pure et qui consistent uniquement dans la représentation de cette unité synthétique nécessaire, forment la troisième chose pour la connaissance d'un objet qui se présente, et reposent sur l'entendement.
> La même fonction qui donne l'unité aux représentations diverses *dans un jugement*, donne aussi l'unité à la simple synthèse de représentations diverses *dans une intuition*, laquelle unité, exprimée généralement, s'appelle le concept pur de l'entendement[3].

1. PIK, p. 284.
2. PIK, p. 282.
3. KrV, A 79 *sq.*/B 104 *sq.*

Si l'on *soustrait* à cette argumentation – qui met en avant le rôle porteur de l'imagination et du temps – le déplacement *ontologisant* opéré par Heidegger, on s'aperçoit que le raisonnement heideggérien n'est pas contredit par le texte kantien et que ce qui est au cœur de la déduction transcendantale des catégories dans la déduction A (plus précisément : dans la « déduction par les synthèses ») concerne bel et bien l'*origine* des catégories (à savoir la triplicité de l'intuition, de l'imagination et de l'entendement). Cette origine des catégories doit en effet être recherchée dans ce qui constitue le principe de la déduction des catégories[1]. Cela se manifeste aussi par le fait que la thèse fondamentale du paragraphe 10 de la première *Critique*, citée à l'instant – à savoir que la *même* fonction assure l'unité dans le jugement et l'unité objective qui y correspond dans le divers de l'intuition[2] – se rattache directement à cette idée. En effet, cette double unité suppose précisément les synthèses qui concernent ce qui est commun à l'intuition, à l'imagination et à l'entendement (ou, du moins, cette double unité est liée à ces derniers).

L'interprétation heideggérienne de la déduction A

Nous avons déjà insisté sur le « déplacement ontologisant » qui caractérise l'interprétation heideggérienne de la déduction transcendantale des catégories. Ce déplacement conduit à identifier la question du rapport des

---

1. Faut-il alors donner raison à Heidegger lorsqu'il remarque : « Ces quatre chiffres [dans la "déduction par les synthèses"] ne sont que la réalisation de ce qui a été esquissé de façon programmatique dans le paragraphe 10 de la première *Critique*, quoique Kant ne dise rien à propos de ce lien » (PIK, p. 336)? Aussi séduisant que cela puisse apparaître, cela ne serait tenable que si une telle déduction pouvait être accomplie pour chaque catégorie prise individuellement.

2. KrV, A 79, B 104 *sq.*

catégories aux objets avec celle de la possibilité de comprendre ces mêmes catégories comme des concepts « ontologiques »[1]. Ou encore à concevoir le dévoilement de l'« *origine* » des catégories comme celui de leur « *essence* »[2]. Heidegger affirme que la déduction transcendantale de Kant est « presque partout intenable »[3]. Mais cela ne vaut-il pas plutôt de l'interprétation heideggérienne elle-même lorsque celui-ci affirme que l'exposition de la question de la possibilité du rapport *a priori* du penser à l'objet ne se fait pas conformément à l'essence du penser telle que lui-même, Heidegger, la conçoit[4] (c'est-à-dire en incluant le rôle essentiel de l'imagination)? S'il est vrai que Kant n'adhère pas à l'ontologisation des catégories telle que l'effectue Heidegger, il n'en est pas moins vrai que c'est la question du rapport *a priori* à l'objet, *en tenant compte en particulier de l'imagination*, qui constitue le problème fondamental de la déduction transcendantale ! Heidegger considère que les intuitions donnent des *objets* et qu'il n'y a donc aucune nécessité de faire reposer le rapport à l'objet sur les *catégories*[5]. Or, en réalité, c'est le contraire qui est vrai : en analysant la connaissance, force est certes de reconnaître que, du côté de la sensibilité, la « matière » (la « sensation ») est l'un de ses éléments. Mais cette matière *ne donne pas d'objet* – tout au plus peut-on parler d'une proto-objectivité nommée « *phénomène* »[6]. Dans la mesure où la donation d'un *objet* déterminé (que

1. *Cf*. PIK, p. 311.
2. PIK, p. 304.
3. PIK, p. 309.
4. PIK, p. 312.
5. « Déjà les intuitions donnent pour elles-mêmes des objets, et par conséquent on ne voit pas du tout pourquoi, en outre, des déterminations du penser devraient se rapporter *a priori* à des objets », PIK, p. 313.
6. « L'objet indéterminé d'une intuition empirique s'appelle le *phénomène* », KrV, A 20/B 34.

Kant appelle « *phaenomenon* »[1]) est exclusivement le fait de l'entendement, on peut donc effectivement se demander si ce n'est pas plutôt la lecture de Heidegger, laquelle se limite ici à la composante sensible, qui s'avère intenable.

L'interprétation heideggérienne de la déduction A s'oppose radicalement à celle proposée par le « néokantianisme »[2] de Marbourg (représenté en particulier par Cohen et Natorp) qui est orientée en premier lieu vers la théorie de la connaissance. Heidegger oppose à la question de la « *validité (Geltung)* »[3], c'est-à-dire à ce qu'il appelle la « question juridique », une *quaestio facti* :

> Si nous en restons à la terminologie kantienne, nous devons même dire que ce n'est justement pas une *quaestio iuris*, mais une *quaestio facti* qui est au centre du problème de la déduction transcendantale[4].

---

1. « Des phénomènes (*Erscheinungen*) pour autant qu'ils sont pensés d'après l'unité des catégories s'appellent des *phaenomena* », KrV, A 248 *sq.*

2. Il existe deux écoles importantes du néokantisme – l'« École de Marbourg » et l'« École néokantienne du sud-ouest de l'Allemagne », également appelée « École de Bade ». Les principaux représentants de la première, qui conçoit la philosophie de Kant comme une fondation des sciences mathématisées de la nature, sont Hermann Cohen, Paul Natorp et Ernst Cassirer. Les noms les plus connus de la seconde, qui défend une philosophie des valeurs et accorde une attention particulière aux sciences humaines et aux sciences de la culture, sont Wilhelm Windelband et Heinrich Rickert. Au XXe siècle, et en particulier après 1945, une troisième école, le « post-néokantisme », s'est établie en Allemagne, parmi les représentants de laquelle figurent, entre autres, Richard Hönigswald, Wolfgang Cramer, Bruno Bauch, Hans Wagner, Erich Heintel, Kurt Walter Zeidler.

3. PIK, p. 330 *sq.*

4. PIK, p. 330.

De quelle *quaestio facti* s'agit-il plus précisément ? De celle de la « transcendance ontologique »[1]. Que faut-il entendre par là ? Pour cela, on peut d'abord citer un autre passage : « *Le problème de la déduction transcendantale n'est* [...] *pas du tout une question de validité juridique, mais au fond ce que nous appelons l'interprétation du* Dasein *qui relève de l'ontologie fondamentale* »[2]. Il s'agit donc ici du *rapport* transcendant (*transzendierend*) du *sujet*, du « *Dasein* », à l'étantité (*Seiendheit*) en tant qu'*objectité*. Mais, à cet endroit, qui marque de façon très fidèle le point de départ chez Kant, on en arrive déjà immédiatement à la déviation ontologisante mentionnée, qui procède par subreption en substituant au rapport à l'objet une « teneur "réelle" (*Sachhaltigkeit*) ».

Ce procédé est le suivant : Heidegger formule une « question directrice » à laquelle il apporte une réponse précise. Celle-ci nécessite une analyse préliminaire qui se déroule en trois moments (les trois concepts déterminants qu'elle contient – à savoir le temps [la temporalité], l'imagination et le Je[-pense] – sont analysés à chaque fois à deux). En quoi consiste donc tout d'abord la « question directrice » de l'interprétation heideggérienne de la déduction A ?

« *Quels sont les actes originaires du sujet* qui *fondamentent* (*fundamentieren*), portent, rendent possible *quelque chose comme l'op-poser de l'ob-jet en général ?* »[3] Cette question se réfère à la possibilisation fondatrice (*gründend*) du rapport à l'objet dans son op-position

1. PIK, p. 334. Cf. *ibid.*, p. 371, où Heidegger ajoute que l'élucidation du phénomène de la transcendance ne peut être accomplie que sur la base du temps compris comme « temporalité ».
2. PIK, p. 372 *sq.*
3. PIK, p. 334.

vis-à-vis du sujet. La synthèse décisive sera celle relative
au temps de l'imagination transcendantale. Heidegger
subordonne d'emblée aux trois synthèses de la « déduction
par les synthèses » celle de l'*imagination* : elle se décline,
d'après lui, en « trois modes de la pure synthèse ontologique
imaginative », c'est-à-dire « sur le mode de l'appréhension,
de la reproduction et de la recognition »[1], ces dernières
« s'enracinant toutes dans la synthèse pure de l'imagination
pure se rapportant au temps »[2].

Les trois concepts décisifs, dont l'interdépendance
constitue le cœur de l'interprétation heideggérienne de la
déduction A, sont, nous insistons, l'imagination, la
temporalité et l'aperception (le Je pense). Heidegger réalise
donc cette interprétation en trois moments pour répondre
à la « question directrice » de la possibilité de tout rapport
originaire à l'objet.

Premier moment. L'imagination est elle-même le temps
au sens du « temps originaire » que Heidegger appelle la
« temporalité »[3]. Son argumentation, dont il ne nie pas le
caractère « violent » et qui, de son propre aveu, va en partie
« essentiellement au-delà de Kant », consiste à mettre en
relation étroite les trois « synthèses » de la « déduction
par les synthèses » qu'il subordonne donc à la synthèse de

1. PIK, p. 337 *sq.*
2. PIK, p. 338. À la fin de son cours, Heidegger résume cette idée
en attirant l'attention sur la « racine » de toutes les facultés de connaître :
« *Or, si, de cette manière, l'imagination productrice n'est elle-même
rien d'autre que l'unité originaire des trois modes de la synthèse, elle a
déjà, par essence, unifié en elle l'intuition pure et la pensée pure*, la
réceptivité pure et la spontanéité pure, *ou*, plus exactement, *elle est la
racine qui les libère toutes deux hors d'elle-même.* L'imagination
productrice est la racine des facultés de la subjectivité […] », *ibid.*,
p. 417 *sq.*
3. PIK, p. 342.

l'imagination, avec les dimensions temporelles respectives du présent ou du maintenant (appréhension), du passé (reproduction) et du futur (recognition, que, de l'avis de Heidegger, il faudrait plutôt qualifier de « précognition »). Les développements concernant la troisième synthèse s'écartent trop du texte de Kant pour qu'il soit nécessaire de s'y attarder davantage. En revanche, les explications concernant le rôle central du présent et du passé dans l'établissement du rapport à l'objet méritent d'être regardées de plus près[1].

L'« ob-jectité » est directement liée à la possibilité – au-delà du rapport « appréhensif » à ce qui est donné au présent – de « ramener quelque chose (*Wiederbringen von etwas*) »[2] au présent qui est passé mais qui fut antérieurement présent. Dans le pur rapport à ce qui est présent, il n'y a pas d'ob-jectité. D'où la nécessité de la synthèse (pure) de la reproduction pour pouvoir expliquer le rapport à un objet en général :

> La question est la suivante : que signifie cette […] mise en évidence de la nécessité d'un retenir pour élucider le rapport à un objet ? […] L'unification à rebours (*rückgreifende Einigung*) des maintenant purs, cette *reproduction purement temporelle*, rend possible le fait de se-rapporter à une intuition qui n'est plus présente ; elle *constitue donc la possibilité d'un rapport à l'objet* qui est nécessaire si l'on veut que l'enchaînement fermé en soi des phénomènes soit lui-même accessible au-delà de la phase du maintenant d'une donnée empirique[3].

---

1. *Cf.* PIK, p. 349-354.
2. PIK, p. 350.
3. PIK, p. 352 *sq.*

Ce premier moment – qui rappelle la fonction du ressouvenir dans la constitution de l'identité de l'objet chez Husserl[1] – clarifie donc le lien entre l'imagination et la temporalité pour l'établissement du rapport à l'objet.

Deuxième moment. D'après Heidegger, il existe, dans la « déduction par les synthèses » – plus précisément entre la deuxième et la troisième synthèse –, une « rupture interne » entre le temps et l'aperception transcendantale. Kant lui-même en aurait été conscient et aurait cherché à unifier le temps et le Je-pense. Mais, en réalité, l'identification de la temporalité et de l'aperception va au-delà de Kant – ce qui est évident chez Schelling, Husserl, Heidegger [dans *Sein und Zeit*] et Derrida[2]. Dans l'interprétation heideggérienne de 1927/28, cela s'effectue, nous l'avons déjà évoqué en passant, par la transformation de la synthèse de la « recognition » en une synthèse de la « précognition ». Cela veut dire que les deux premières synthèses présupposent l'idée encore vague d'un « enchaînement des étants » ou, plus exactement, « une anticipation préalable d'une unité régionale d'étants présentables (*anbietbares Seiendes*) »[3]. Voilà donc comment se révèle la manière dont l'aperception transcendantale se rapporte au temps. Heidegger reconnaît que Kant entrevoit « relativement clairement ce principe transcendantal unitaire de l'unité des trois synthèses » ; mais dans la mesure où « le rapport spécifique au temps, à savoir le rapport au futur de ce qu'il appelle la "synthèse de la recognition", lui reste caché, il ne parvient pas à

---

1. E. Husserl, « Die Apodiktizität der Wiedererinnerung » (1922/1923), in *Husserliana XI* (supplément VIII), M. Fleischer (ed.), La Haye, M. Nijhoff, 1966, p. 374, 377 *et passim*.

2. *Cf.* notre ouvrage *Der frühe Derrida und die Phänomenologie*, Frankfurt am Main, Klostermann, 2021.

3. PIK, p. 364.

dévoiler originairement, c'est-à-dire dans son rapport au temps, ce principe porteur de l'unité transcendantale – l'aperception transcendantale »[1]. Mais si l'on accomplit ce – deuxième – pas, alors on peut montrer que le temps est l'origine des catégories[2].

Troisième moment. De l'identification de l'imagination et de la temporalité ainsi que de celle de la temporalité et du Je-pense (aperception) s'ensuit par transitivité celle de l'imagination et de l'aperception. Heidegger n'effectue pas cette nouvelle identification de manière mécanique, mais il l'atteste phénoménologiquement. Elle résulte, selon lui, du fait que la possibilité de m'attribuer des représentations, qui est assurée par la troisième synthèse de la « déduction par les synthèses », présuppose une unité synthétique qui ne puisse être que celle de la synthèse productrice de l'imagination (puisque celle-ci est la seule qui soit de part en part temporelle). Heidegger dispose désormais de tout ce qui est nécessaire pour établir le lien intrinsèque entre l'imagination, l'aperception et le temps :

> Dans la mesure où l'imagination, en tant qu'elle est essentiellement relative au temps, se rapporte aux relations temporelles pures du divers *a priori*[3], elle est en même temps, en tant que synthèse au fondement de l'unité synthétique de l'aperception transcendantale, la synthèse du temps comme forme pure de tous les phénomènes. *La synthèse pure de l'imagination productrice en tant qu'elle est relative au temps contient donc en elle l'unité transcendantale de la synthèse de l'aperception comme synthèse du temps pur en tant que forme des phénomènes.* Par conséquent, la synthèse imaginative pure relative au

1. PIK, p. 367.
2. PIK, p. 365, 426.
3. *Cf.* KrV, A 118.

temps lie originairement l'unité de l'aperception transcendantale (qui est nécessairement synthétique) avec le
divers pur du temps en tant que condition de possibilité
de l'apparaître des objets de l'intuition empirique[1].

Dans ce contexte de l'identification de l'imagination
et de l'aperception, Heidegger souligne que le Je pense,
en tant que « catégorie originaire (*Urkategorie*) », implique
le rapport de toutes les catégories à l'« auto-obligation
libre (*freie Selbstbindung*) »[2] du Moi. Cela permet enfin
à Heidegger de répondre à la « question directrice » posée
au début – celle du rapport possible à l'objet, qui implique
une op-position vis-à-vis du sujet. S'il peut affirmer que
les catégories « *se fondent dans le projet anticipateur de
l'horizon unitaire de l'op-position apriorique* »[3], cela met
en jeu une interprétation du temps en termes d'« *auto-
affection* » pure. En quoi consiste précisément le rôle de
cette dernière[4] ?

Le rapport à l'ob-jectité fait apparaître un type
d'*opposition* très particulier. Selon la double thèse de
Heidegger – qui correspond au fond à une interprétation
du « transcendantal » en général –, cette op-position *vient
du sujet* et *va au-devant de lui* (ce qui le *lie* du même coup),
d'une part ; et cela même qui lie *a priori* consiste dans le
fait que l'unité du *temps* constitue l'objectité vers laquelle
et autour de laquelle « convergent les synthèses
transcendantales pures »[5], d'autre part. L'« auto-affection »
joue ici donc effectivement un rôle décisif :

---

1. PIK, p. 420.
2. PIK, p. 377.
3. *Ibid.*
4. Pour l'argumentation suivante, *cf.* PIK, p. 390-393.
5. PIK, p. 390.

Kant conçoit le temps comme *auto-affection* pure, c'est-
à-dire comme ce qui, *a priori*, émanant du soi, affecte
ce soi, va à sa rencontre (*geht es an*) et, dans cette rencontre
(*Angang*), offre *a priori* résistance (*Widerstand*) et
obligation (*Bindung*). Le temps dans lequel se déploient
les actes fondamentaux de la synthèse du sujet est en
même temps ce qui affecte *a priori* ce sujet. Cela signifie
que le sujet en tant que tel se donne *a priori* une résistance
– le temps. Celui-ci – pris comme pure suite de maintenant
– est ce que le soi en tant que soi se pro-pose (*vorgibt*)
comme ce qui résiste par excellence[1].

Ainsi, les deux thèses qui viennent d'être distinguées
sont réunies dans le concept central de l'« auto-affection ».
La résistance de ce qui s'op-pose coïncide avec le temps
en tant qu'auto-affection du sujet. En d'autres termes,
l'objectité est une rencontre de soi (*Selbstangang*)[2] (ce qui
ne revient nullement à un « idéalisme de production »).
Plus précisément : « Le temps est la *forme constitutive* et
déterminante de l'objectité, il est la forme de toute rencontre
(*Angegangenwerdens*) empirique, la rencontre pure, *a
priori*, c'est-à-dire la rencontre *de soi* (Selbst*angang*) du
sujet. […] Le temps, en tant qu'intuition pure, est une
auto-affection pure, c'est-à-dire transcendantale. Il affecte
a priori et constitue de cette manière *a priori* l'objectité
pour un sujet fini en général. Le temps détermine à l'avance
le comment d'une op-position, il appartient par conséquent
à la structure de l'objectité en général »[3].

1. PIK, p. 391.
2. *Ibid.*
3. PIK, p. 392 *sq.*

LA DÉDUCTION B

*Remarques préliminaires
sur la structure de la Déduction B*

Nous aborderons maintenant les thèses essentielles de la déduction transcendantale des catégories dans la deuxième édition de la *Critique de la raison pure*. Quelle est d'abord la structure de ce chapitre intégralement réécrit ?

La déduction B est divisée en deux parties (§ 15-21 et § 22-26). Cette division pose des problèmes interprétatifs. Deux lectures ressortent principalement de la littérature secondaire.

Selon la première, il s'agirait de *deux* déductions distinctes. La première part des intuitions et démontre qu'elles doivent être rangées sous les catégories. La seconde part des catégories et montre comment elles rendent possible le rapport à l'objet. D'après la deuxième lecture, en revanche, il s'agirait d'*une seule* déduction qui s'accomplit en deux étapes. Dans un premier temps, il ne s'agit que de la donation des objets d'une intuition *en général*. C'est en cela que consiste la première étape. Pour achever la déduction, il faut encore une deuxième étape qui montre comment cette déduction peut aussi être valide pour la donation d'objets de *notre* intuition – c'est-à-dire de l'intuition *sensible*. En d'autres termes, la première étape s'applique à une « intuition donnée *en général* », qui peut être de nature sensible mais aussi non sensible, tandis que la deuxième étape se rapporte spécifiquement à l'intuition *sensible humaine*, dont les formes *a priori* sont l'espace et le temps (seul le temps est ici en cause, nous y reviendrons). Dans ces deux lectures, la question de savoir quelle déduction – ou quelles étapes de la déduction – relève d'une déduction *objective* ou d'une déduction *subjective* reste controversée.

Aperçu de l'état de la recherche

Il existe un nombre considérable d'interprétations de la déduction B – bien plus de trente (!) font autorité[1]. Les quatre titres suivants méritent d'être mentionnés tout particulièrement (en plus de ceux déjà cités) :

Dieter Henrich : « Die Beweisstruktur von Kant transzendentaler Deduktion », in *Kant. Zur Deutung seiner Theorie von Erkennen und Handeln*, G. Prauss (éd.), Cologne, Kiepenhauer & Witsch, 1973, p. 90-104 (d'abord publié en anglais en 1969 dans *The Review of Metaphysics*).

Raymond Brouillet : « Dieter Henrich et ,The Proof-Structure of Kant's Transcendental Deduction'. Réflexions critiques », *Dialogue*, XIV, 4, 1975, p. 639-648.

---

1. De cette grande quantité, nous ne mentionnerons ici que les travaux suivants : B. Erdmann, *Kants Kritizismus in der 1. und 2. Auflage der Kritik der reinen Vernunft*, Leipzig, 1878 ; E. Adickes, *Kants Kritik der reinen Vernunft*, Berlin, 1889 ; H.J. Paton, *Kant's Metaphysic of Experience*, London, 1936 ; H.J. de Vleeschauwer, *La déduction transcendantale dans l'Œuvre de Kant*, tome III, Paris, 1937 ; M. Baum, *Die transzendentale Deduktion in Kants Kritiken : Interpretationen zur kritischen Philosophie*, thèse de doctorat, Universität zu Köln, 1975 ; H. Allison, *Kant's Transcendental Deduction*, Oxford, 2015. P. Baumanns a proposé un aperçu utile des interprétations principales de la déduction B : « Kants transzendentale Deduktion der reinen Verstandesbegriffe (B) », *Kant-Studien* 82, 1991, p. 329-348 et p. 436-455 ainsi que *Kant-Studien* 83, 1992, p. 60-83 et p. 185-207.

Hans Wagner : « Der Argumentationsgang in Kants Deduktion der Kategorien », *Kant-Studien*, 71/1980, p. 352-366 (repris dans : *Kleinere Schriften III : Abhandlungen zur Philosophie Kants*, H. Oberer [éd.], Paderborn, Schöningh, 2017, p. 153-169).

Manfred Baum : *Deduktion und Beweis in Kants Transzendentalphilosophie. Untersuchungen zur* Kritik der reinen Vernunft, Königstein im Taunus, Hain bei Athenäum, 1986 (cette étude est l'une des plus intéressantes de toute la littérature sur Kant).

Nous allons tout d'abord donner un bref aperçu de ces quatre interprétations de la déduction B. Nous partirons de l'article de Dieter Henrich. Le mérite de cette étude, qui a fait date, est d'avoir attiré l'attention sur le problème fondamental de la *structure du texte* et d'avoir initié un débat très important qui s'est poursuivi durant plusieurs décennies.

Concernant cette structure de la déduction B, Kant écrit au paragraphe 21 : « La proposition précédente ["Toutes les intuitions sensibles sont soumises aux catégories, en tant que conditions qui seules permettent d'en rassembler le divers dans une conscience" – qui est le titre du paragraphe 20] constitue donc le point de départ d'une *déduction* des concepts purs de l'entendement [...]. Dans la suite (§ 26), [...] le but de la déduction sera pleinement atteint [...] »[1]. Dans ce paragraphe 26, nous lisons à ce propos :

> [D]ans la déduction transcendantale, c'est la possibilité des catégories comme connaissances *a priori* des objets d'une intuition en général qui a été démontrée (§ 20, 21). Il s'agit maintenant d'expliquer la possibilité de connaître *a priori*, par l'intermédiaire des *catégories*, les objets

---

1. KrV, B 144 *sq.*

qui ne peuvent jamais se donner *qu'à nos sens*, et cela non pas quant à la forme de leur intuition, mais quant aux lois de leur liaison : il s'agit donc d'expliquer comment il est possible de prescrire en quelque sorte à la nature sa loi et même de la rendre possible. Car sans cette capacité des catégories, on ne parviendrait pas à clarifier comment tout ce qui peut seulement se donner à nos sens doit être soumis aux lois qui procèdent *a priori* de l'entendement seul[1].

Henrich se réfère tout d'abord aux interprétations qui ont prévalu par le passé et distingue notamment deux camps : Adickes/Paton, d'une part, Erdmann/de Vleeschauwer, d'autre part.

Adickes et Paton se focalisent sur la distinction entre la déduction objective et la déduction subjective. La déduction objective établit, comme nous l'avons déjà indiqué à plusieurs reprises, *que* les catégories sont valides alors que la déduction subjective fait apercevoir *comment* elles acquièrent cette validité. Sur cette base, Adickes et Paton en arrivent à l'idée que *deux* preuves sont développées dans la déduction B – dans les paragraphes 20-21 s'achèverait la déduction objective et dans le paragraphe 26, la déduction subjective. Erdmann et de Vleeschauwer, en revanche, lisent le chapitre jusqu'aux paragraphes 20-21 inclus comme une déduction « d'en haut » et celle du paragraphe 22 jusqu'au paragraphe 26 comme une déduction « d'en bas » (au sens où Kant avait utilisé ces expressions dans la déduction A).

La ligne d'interprétation de Henrich va, quant à elle, dans une autre direction. Henrich défend avec vigueur l'idée qu'il n'y a qu'*une seule* déduction, qui s'effectuerait

1. KrV, B 159 *sq.*

toutefois en *deux étapes*. En quoi consistent-elles ? Sa réponse est la suivante : une certaine *restriction* qui serait opérée dans la première étape serait *levée* dans la seconde. Cela veut dire que, dans la première étape, il y aurait une *spécialisation* restrictive, tandis que la seconde étape procèderait à une *généralisation*. Mais en quoi consiste exactement cette restriction selon Henrich ?

Elle consiste dans l'idée que, dans la première étape, la déduction ne s'appliquerait qu'aux intuitions qui contiennent déjà une *unité*, alors que dans la seconde étape, la validité des catégories serait établie pour *tous* les objets sensibles. Selon Henrich, cette démarche s'appuie sur le « *factum* » de l'unité de l'espace et du temps, en vertu de laquelle toutes les représentations des sens seraient unifiées.

Raymond Brouillet rejette avec force l'interprétation du philosophe allemand. Son argument principal est que toute unité a nécessairement sa source dans l'aperception transcendantale. Le fait de renvoyer au « *factum* » de l'unité de l'espace et du temps contredirait donc la perspective fondamentale de Kant. La solution proposée par Brouillet consiste alors à considérer la première étape comme valide pour l'aperception *en général*, tandis que, dans la seconde étape, on passera à l'aperception spécifiquement *humaine*.

Pour Hans Wagner, la première étape consisterait également dans l'explication de l'*unité* dans les intuitions sensibles dont il affirme qu'elle est assurée par l'aperception transcendantale. La deuxième étape chercherait ensuite à démontrer l'*universalité* de la fonction des catégories – il explique donc comment les catégories peuvent être utilisées à des fins d'expérience de manière tout à fait *générale*[1].

---

1. *Cf.* H. Wagner, *Abhandlungen zur Philosophie Kant*, *op. cit.*, p. 162-165. Wagner identifie ici en réalité trois « étapes ».

D'après la thèse de Baum, il ne faut pas comprendre cette dualité d'étapes comme si la première présentait le cadre *général* (celui de l'intuition « *en général* ») par rapport auquel la seconde représenterait une *particularisation* (relativement à *notre* intuition *sensible*). Au contraire, la première étape consiste en une abstraction dont la deuxième étape fournit tout d'abord la base concrète. L'idée fondamentale est donc que l'on ne peut parler d'« intuition en général » (première étape) que si l'on part de *notre* intuition (celle *dans l'espace et le temps*) (seconde étape). La démarche de Kant se révèle donc – si l'on suit l'interprétation de Baum, proche de celle de Brouillet, mais en mettant davantage en évidence le geste transcendantal que ce n'était le cas chez le spécialiste québécois de Kant – authentiquement *phénoménologique*[1] dans la mesure où c'est le type d'expérience à partir de la perspective de la *première personne* – comprise comme transcendantale et phénoménologique – (rien d'autre ne peut être signifié par « notre intuition ») qui constitue ici la base des différentes étapes de la déduction des catégories.

L'ARGUMENTATION DE LA DÉDUCTION B

Dans ce chapitre, il s'agit de présenter de manière concise le contenu essentiel des différents paragraphes de la déduction des catégories dans la deuxième édition de la *Critique de la raison pure*. Cette lecture consiste en un croisement, pour ainsi dire, entre la conception d'Adickes/ Paton et l'interprétation de Baum.

---

1. Nous remercions Inga Römer pour ses remarques utiles et éclairantes au sujet de l'interprétation de Baum de la déduction B qui sera abordée plus en détail plus loin.

§ 15. De la possibilité d'une synthèse (*Verbindung*) en général

Les paragraphes 15-21 constituent la première étape de la déduction B. Celle-ci consiste en une déduction objective puisque les moments principaux de cette première étape – eu égard à la *synthèse* supposée par toute analyse et au rôle du *jugement* dans la déduction des catégories – sont exposés conformément à la méthode analytique.

Kant ne part pas ici « d'en bas » ou « d'en haut », mais il se demande directement en quoi consistent les composantes de la connaissance et ce qui appartient nécessairement à cette dernière. Comme c'était déjà indiqué dans la toute première proposition de l'esthétique transcendantale, le point de départ incontournable de toute connaissance est l'*intuition*. Ce qui doit s'ajouter à celle-ci, c'est une *liaison* ou une « synthèse » (*Verbindung*) qui ne peut provenir de la sensibilité et doit donc être attribuée à l'entendement. Cette liaison – telle est la thèse forte de Kant – n'est rien d'autre que la conscience de soi qu'il désigne également comme le « je pense ». Dans les termes de la fameuse première phrase du paragraphe 16, cela signifie que le « je pense » doit « pouvoir accompagner » toutes mes représentations – et en particulier les représentations intuitives.

Or, cette liaison (*Verbindung*) contient le *divers*, une *synthèse*[1] et une *unité*. Pour être plus précis : le *divers* est

---

1. Selon Kant, il existe – en plus de ce qui a déjà été exposé dans la « déduction par les synthèses » – trois types de « synthèses » qui relèvent donc de l'entendement. Dans chacune d'elles, l'*imagination* joue un rôle important. Nous remercions Manfred Baum pour cette précision :

1) la synthèse, relevant de la faculté de *relier les impressions*, qui dépend de l'objet perçu. Il s'agit d'une synthèse empirique, qui est donc un ingrédient de la *perception* ;

2) la synthèse qui se caractérise par une *fonction d'exposition* (déterminée par des concepts) de l'imagination (en tant que facteur de

donné dans l'intuition. Celle-ci est unifiée de manière *synthétique* par le « je pense ». Et cette synthèse repose à son tour sur une *unité*. Mais d'où vient *cette* unité qui est une unité supérieure (qualitative) à celle (quantitative) de la *catégorie* de l'unité, laquelle présuppose cette unité supérieure ?

§ 16. De l'unité originairement synthétique de l'aperception

Cette unité supérieure (que Kant appelle l'« unité transcendantale de la conscience de soi ») est due à l'*aperception* pure et originaire (conscience de soi originaire). Ainsi, cette liaison s'avère être, comme le souligne Kant, une « liaison originaire ». Celle-ci est au fondement du « je pense » en tant que « ce qui doit pouvoir accompagner toutes mes représentations ». En d'autres termes, la conscience de soi originaire est la condition de possibilité du fait que toutes les représentations peuvent m'appartenir ou m'être attribuées. Cela est d'une importance capitale, car si ces représentations n'étaient pas *mes* représentations, il ne pourrait y avoir de connaissance ordonnée et cohérente pour le sujet de la connaissance, comme cela ressortait déjà de la synthèse de la recognition dans le concept (dans la « déduction par les synthèses »). Ce premier moment apporte ainsi une clarification supplémentaire à la troisième « synthèse » de la première déduction transcendantale de l'édition de 1781.

---

l'*engendrement d'images*) ; ici, l'imagination peut avoir trois fonctions différentes : elle peut être soit une *imagination concrétisante*, soit *une imagination schématisante*, soit une *imagination symbolisante* ;

3) la synthèse par l'imagination *régressive* ou *décomposante* (*dekomponierend*) (qui n'est pas déterminée par des concepts) – elle concerne notamment *l'espace* et *le temps*.

Cette liaison originaire a plusieurs caractéristiques essentielles. Celles-ci ne découlent pas simplement de ce qui a été établi auparavant, mais elles font apparaître un rapport de médiation réciproque qui rappelle fortement celui de la fin de la « déduction par les synthèses » dans l'édition A[1].

Première caractéristique : l'aperception originaire doit contenir, en tant qu'identité numérique et *analytique*, une *synthèse* qui rend possible la *conscience* de cette identité[2]. La synthèse est la condition de l'analyse. Cela signifie que l'« unité *analytique* de l'aperception n'est possible que sous la condition de quelque unité *synthétique* »[3] (qui seule rend donc possible une conscience d'identité du sujet). Cette unité synthétique est le « point suprême » de toute philosophie transcendantale[4].

Deuxième caractéristique : cette unité synthétique est aussi l'unique condition du fait que le divers des représentations soit appréhendée dans *une* conscience et que ces représentations deviennent ainsi *mes* représentations, ou, en d'autres termes, la synthèse selon des règles *a priori* permet tout d'abord que le moi puisse s'auto-attribuer des représentations.

Voilà donc en quoi consiste le rapport de médiation mutuelle[5] : la conscience analytique de soi est le principe de l'auto-attribution des représentations. Et la conscience

1. Mais ce rapport de médiation, mis en évidence dans l'édition B, n'est complet que si l'on prend également en compte le paragraphe 17.

2. Voir déjà KrV, A 108.

3. KrV, B 133.

4. De ce point suprême on peut seulement dire que, d'une part, son identité est simplement analytique et, d'autre part, que sa conscience de soi est assurée par une identité synthétique à laquelle l'identité analytique est subordonnée et qui est caractérisée par une opération de synthèse grâce à laquelle le divers est unifié synthétiquement.

5. *Cf.* aussi la conclusion.

de l'unité synthétique de ces mêmes représentations est à son tour le principe de la conscience de soi analytique.

§ 17. Le principe de l'unité synthétique de l'aperception en tant que principe suprême de tout usage de l'entendement

Mais il y a encore une *troisième caractéristique* importante (qui est absolument décisive) : l'aperception transcendantale (synthétique) n'est pas seulement la source de la liaison *originaire* et elle ne veille pas seulement à ce que les représentations sensibles deviennent *mes* représentations, mais en unifiant le divers dans un *objet*, elle est aussi la condition fondamentale du *rapport des représentations à un objet*[1]. La thèse fondamentale de Kant est ainsi que l'*unification* du divers dans un objet, qui se produit *dans la conscience*, établit en même temps le rapport à l'objet.

Nous avons donc la *triade fondamentale* suivante :

constitution de la liaison originaire ⟶ auto-attribution
des représentations ⟶ établissement du rapport à l'objet

Kant de récapituler : « L'unité synthétique de la conscience est donc une *condition objective* de toute connaissance [...] <sous laquelle> toute intuition doit être soumise *afin qu'elle devienne pour moi un objet* puisque, [...] sans cette synthèse, le divers ne s'unirait pas en une conscience[2] ».

---

1. L'« objet » est donc ce que Husserl appellera dans les *Ideen I* le « noème ». Le fait que, architectoniquement, le rapport *a priori* à l'objet n'entre en jeu qu'à cet endroit est une des différences entre le rapport de médiation réciproque de la déduction A et celui de la déduction B.
2. KrV, B 138.

Il peut ainsi établir le « principe suprême des intuitions relativement à l'entendement » (« principe de l'unité synthétique originaire de l'aperception ») :

> *Tout le divers de l'intuition est soumis aux conditions de l'unité originaire et synthétique de l'aperception.*

Ces conditions sont, encore une fois, la liaison originaire, l'auto-attribution des représentations et le rapport à l'objet.

Prenons un exemple pour illustrer cette idée. Je me trouve face à une sculpture rouge. L'analyse des facultés de connaître révèle que la sensation (*Empfindung*) contient entre autres une sensation du rouge (la manière dont cela est possible « reste ici indéterminée »[1] [!]). Mais cette sensation n'est pas la rougeur de la sculpture. La sensation est subjective, la rougeur est ce qui incombe « objectivement » à la sculpture qui est située devant moi. Pour avoir une *connaissance* de cette rougeur de la sculpture, le *rapport à l'objet* – établi en vertu de l'aperception synthétique pure – est requis. Or, cet établissement du rapport à l'objet n'est rien d'autre que l'effectuation de la *synthèse* de l'entendement (à la source de la « *liaison* originaire ») en même temps que le fait que ces représentations deviennent *conscientes* pour « moi » (en tant que représentations *miennes*).

§ 18. L'unité objective de l'aperception

Kant revient encore une fois sur le rôle de l'aperception pure dans l'établissement du rapport à l'objet. Il distingue l'unité *objective* de l'unité *subjective* de la conscience de soi. La première est pure, la seconde est empirique. La première est à la base – moyennant la « contraction phénoménologique » – de l'affinité des phénomènes, la

---

1. KrV, B 145. Cette « indétermination » constitue certes une certaine lacune de la *Critique de la raison pure*.

seconde n'établit que des associations empiriques subjectives. Cette idée a déjà été traitée en détail dans la déduction « d'en bas » de la première édition de la *Critique de la raison pure*. Il suffit donc de renvoyer au passage en question de la déduction A (en particulier à la page A 123), dont ce paragraphe 18 de la déduction B est la reprise plus brève et plus ramassée.

§ 19. L'unité objective de l'aperception des concepts contenus dans le jugement en tant que forme logique de tous les jugements

Dans l'important paragraphe 19, s'ajoute – au-delà des trois premières déterminations (réalisation de la synthèse, constitution de l'unité de la conscience et établissement du rapport à l'objet) qui ont été développées dans les paragraphes précédents – une nouvelle détermination dont Kant n'a mesuré l'importance qu'après la publication de la première édition de la *Critique de la raison pure*. Il s'agit du rôle des *jugements* dans la déduction des catégories. Kant affirme dans une note de bas de page bien connue de la préface des *Metaphysische Anfangsgründe der Naturwissenschaft* (1786) :

> Tout usage de la raison pure ne peut jamais porter que sur des objets de l'expérience [...], et, puisque dans les principes *a priori* rien d'empirique ne peut être la condition <de la connaissance>, ils [*scil.* ces principes *a priori*] ne peuvent être rien d'autre que des principes de la *possibilité de l'expérience* en général [...]. Cela seul est le fondement [*Fundament*] vrai et suffisant de la détermination des limites de la raison pure – mais non pas la résolution de la tâche *comment* l'expérience est possible par l'intermédiaire de ces catégories et seulement par elles. Cette dernière tâche, bien que l'édifice soit solide sans elle, a cependant une importance considérable et [...]

une facilité non moins grande, puisqu'elle peut être accomplie presque par une unique inférence à partir de la définition exactement déterminée d'un *jugement* en général (un acte par lequel des représentations données deviennent d'abord des connaissances d'un objet). L'obscurité qui, dans cette partie de la déduction, s'attache à mes précédentes élaborations [dans l'édition A], et que je ne conteste pas, doit être attribuée au destin ordinaire de l'entendement dans la recherche, pour lequel le chemin le plus court n'est généralement pas le premier dont il s'aperçoit. C'est pourquoi je saisirai la prochaine occasion de combler ce manque[1] (qui ne concerne que le mode d'exposition, et non le principe d'explication qui y a été correctement indiqué) [...]. Aucun système au monde ne peut déduire cette nécessité [la nécessité objective qui caractérise les catégories] d'ailleurs que des principes *a priori* de la possibilité du *penser même*, par lesquels seuls la connaissance des objets en tant qu'ils nous sont donnés comme phénomènes, c'est-à-dire l'expérience, est possible ; et si l'on admettait que la manière *dont* [la question du « *comment* » = la tâche de la déduction subjective] l'expérience devient d'abord possible ne pût jamais être suffisamment expliquée, il n'en resterait pas moins irréfutablement certain *qu*'elle ne serait possible que par ces concepts, et que ces concepts, à l'inverse, ne seraient pas non plus doués d'une signification et d'un quelconque usage sous un autre rapport que celui des objets de l'expérience [la tâche de la déduction objective][2].

Le fait que Kant décrive ici la tâche de la déduction sous la forme d'une question du « comment » (« *comment* l'expérience est-elle possible par l'intermédiaire des

---

1. Kant anticipe ici la rédaction de la déduction B.

2. I. Kant, *Metaphysische Anfangsgründe der Naturwissenschaft*, Hamburg, F. Meiner, 1997, note de la p. 13, (AA 4, p. 475 *sq.*).

catégories ? ») et qu'il n'y voie pas la « solution » du problème de la déduction des catégories ne signifie *pas* – contrairement aux formulations de la *Critique de la raison pure* – qu'il s'agirait ici d'une déduction subjective. Cela ressort de la remarque à la fin de la note et tient aussi au fait que, dans la formulation même, on part des *catégories déjà établies* et non des *sources subjectives* de la connaissance. Dans cette note, Kant n'a donc pas encore pris pleinement conscience du rôle exact du *jugement* dans la déduction objective ; ce ne sera que dans la deuxième édition de la première *Critique* qu'il réussira à trouver un mode d'exposition correct de cette argumentation (à savoir, très précisément, au sein d'une déduction *objective*).

Quoi qu'il en soit, en quoi consiste donc cette « unique inférence » à partir de la définition exacte d'un jugement en général ?

À l'unité *objective* de l'aperception correspond le jugement *objectivement* valide (*objektiv gültig*) ; à l'unité *subjective* de l'aperception correspond un jugement *subjectivement* valide (*subjektiv gültig*) (par exemple relativement à des sensations ou à des associations purement subjectives). Donnons un exemple pour chacun des deux types de jugement : « le corps a une masse de 50 kg » (jugement objectivement valide) et « le corps est lourd quand j'essaie de le soulever » (jugement subjectivement valide). Dans les *Prolégomènes à toute métaphysique future* (1783), les premiers sont appelés des « jugements d'expérience (*Erfahrungsurteile*) », les seconds des « jugements de perception (*Wahrnehmungsurteile*) ».

Pour Kant, seuls les jugements objectivement valides peuvent être qualifiés de « jugements » au sens propre. La définition du jugement est alors la suivante : « le jugement est la manière de ramener des représentations données à l'unité *objective* de l'aperception ». Cette définition qui semble anodine est, du point de vue systématique, d'une importance fondamentale. Selon Kant, un jugement ne consiste pas en premier lieu (comme l'affirment en général les « logiciens ») dans la « représentation d'un rapport entre deux concepts » (à savoir celui du sujet et celui du prédicat). Il s'agit plutôt d'établir *en quoi consiste exactement ce rapport*. Il correspond à la forme d'unité des représentations qui est exprimée dans le jugement lui-même – ces représentations étant celles auxquelles correspondent respectivement le sujet et le prédicat dans ce même jugement. Cette forme d'unité (*Einheitsform*) se doit à l'« unité objective de l'aperception ». Cela signifie qu'un jugement est rendu possible par le fait que la *conscience de soi* établit une unité dans la relation entre le sujet et le prédicat. C'est tout à fait logique parce que s'il a été démontré que la *même* fonction synthétise le divers sensible dans un *objet* (par les catégories), d'une part, et le sujet et le prédicat dans le *jugement*, d'autre part, et s'il a été montré en outre que l'aperception transcendantale préside à la première union (au moyen de la « contraction phénoménologique »), alors il doit en être de même pour la seconde synthèse[1]. Dans le jugement, la validité objective d'un concept ne s'exprime donc que si les concepts contenus dans le jugement sont ramenés à l'unité objective de l'aperception. En d'autres termes (et pour donner à ce raisonnement une forme syllogistique) :

> C'est seulement dans le *jugement* que des représentations données peuvent s'ériger en connaissance d'un objet.

---

1. Ces deux actes sont accomplis par le *penser* que Kant définit comme « l'acte de ramener à l'unité de l'aperception la synthèse du divers qui lui a été donné dans l'intuition d'ailleurs », KrV, B 145. « Penser » et « ramener la synthèse du divers à l'unité de l'*aperception* » sont donc considérés ici comme identiques.

La fonction d'unification opérée dans le jugement (et due à l'aperception transcendantale) est la même que celle qui assure l'unité dans un objet au moyen des *catégories*.

Donc, les catégories ont une *réalité objective* puisque c'est seulement en vertu d'elles (au moyen de l'aperception transcendantale qui leur sert de principe) qu'est possible la connaissance objective s'articulant dans le jugement.

Cela signifie, pour simplifier, que le *rapport à l'objet* établi dans les deux paragraphes précédents (au-delà des premières caractéristiques indiquées) ne s'articule pas seulement dans la *fonction logique des jugements*, mais que cette fonction répond également de la connaissance objective et donc de la réalité objective des catégories. C'est là la *quatrième* et dernière caractéristique nécessaire à la déduction des catégories. Elle est *inédite* et s'ajoute à ce qui a été exposé dans la déduction A.

§ 20. Les catégories en tant que conditions sous lesquelles seules le divers des intuitions sensibles peut être rassemblé dans une conscience

Dans ce paragraphe, Kant formule explicitement le principe de la déduction (objective) des catégories sous la forme d'un syllogisme qui a déjà été annoncé en 1786 dans les *Fondements métaphysiques de la science de la nature*. Celui-ci contient en réalité trois prémisses :

Prémisse 1 : D'après le principe suprême de tout usage de l'entendement, le divers de l'intuition est nécessairement soumis à l'unité synthétique de l'aperception (§ 17).

Prémisse 2 : Toute connaissance objective d'intuitions données s'exprime dans un jugement et, moyennant la fonction logique des jugements, les représentations de ce jugement sont soumises à l'aperception (§ 19).

Prémisse 3 : Les catégories se rapportent précisément à ces fonctions des jugements dans la mesure où le divers qui correspond aux jugements respectifs est déterminé du point de vue des opérations de synthèse unifiantes qui sont renfermées en elles (§ 10[1] et surtout § 14[2]).

Conclusion : Le divers de l'intuition est nécessairement subsumé sous les catégories.

Nota bene 1 : Ce qui vient d'être établi concerne la nécessité que, en vue de la connaissance, les *intuitions* requièrent les *catégories*. Kant n'est donc pas parti ici des *catégories*, mais des *intuitions*, pour démontrer que la connaissance n'est possible que si celles-ci sont subsumées sous celles-là.

Nota bene 2 : Ce qui vient d'être démontré concerne la donnée des objets d'une intuition *en général*, mais non pas de *notre* intuition *sensible* en particulier.

Il s'agit donc bien d'une « déduction *objective* ». Mais, de même que dans l'édition de 1781, c'est la « déduction *subjective* » qui est réellement déterminante. Celle-ci sera développée dans les paragraphes 22 à 26.

§ 21. Remarque

Kant répète encore une fois (de manière un peu moins précise) le résultat de la déduction qui vient d'être effectuée : « Un divers, contenu dans *une* intuition qui est la *mienne*, est représenté par la synthèse de l'entendement comme appartenant à l'unité *nécessaire* de l'aperception, et cela se produit par le moyen de la catégorie »[3].

---

1. KrV, B 104 *sq.*
2. KrV, B 128.
3. KrV, B 144.

Une remarque supplémentaire soutient explicitement cette interprétation. Dans le paragraphe 20, une déduction A été opérée qui était valide pour une « intuition donnée *en général* » (qui n'a pas besoin d'être sensible). Cette déduction est ensuite spécifiée au paragraphe 26 : elle s'appliquera finalement aussi à l'intuition *sensible* (*humaine*), dont les formes *a priori* sont l'espace et le temps.

§ 22. L'application des catégories à des objets de l'expérience comme leur seul usage possible en vue de la connaissance des choses

C'est à partir d'ici que s'amorce la *déduction subjective*.

Kant reprend tout depuis le début. La question initiale est la suivante : comment la connaissance est-elle possible ? La réponse s'appuie (comme déjà au § 15) sur la nature des sources de la connaissance. Il ne peut y avoir de connaissance – conformément à la nature de nos facultés de connaître – que si une intuition peut être donnée à nos concepts qui leur correspond. Or, notre intuition est *sensible*, ce qui veut dire que notre entendement, s'il doit produire une connaissance, doit se rapporter à des objets des *sens*. Deux possibilités sont envisageables : ou bien il se rapporte à des intuitions *a priori* (espace et temps) ou bien il se rapporte à des intuitions *empiriques*. Dans le premier cas, nous avons affaire à des objets formels – qui sont ceux des mathématiques. Pour décider s'il s'agit là vraiment de *connaissances*, il faut prouver au préalable qu'il existe effectivement des choses qui ont une structure mathématique. Pour Kant, cette preuve n'a pas encore été fournie, il laisse donc cette question en suspens. Une connaissance stable et indubitable n'existe donc que dans le second cas, c'est-à-dire dans le cas de la connaissance empirique ou de l'expérience. *Si* connaissance il y a, elle ne peut être que la connaissance des objets d'une expérience possible. Ce n'est toutefois pas encore une déduction à proprement parler, mais seulement une explication sur la nature de nos sources de la connaissance et sur ce qui en découle pour la possibilité de notre connaissance. Or, cette approche insuffisante d'une déduction est en disproportion flagrante avec son résultat – qui affirme une thèse très forte : le raisonnement débouche en effet sur l'idée que les catégories ne sont au fondement de connaissances objectives que si elles sont en même temps *restreintes* à l'expérience. Pour souligner l'importance de cette proposition – mais qui ne fait donc pas partie de l'objectif spécifique de la déduction transcendantale – Kant lui consacre encore un paragraphe supplémentaire.

§ 23. Suite

Seule notre intuition *sensible* et *empirique* peut conférer un sens et une signification aux catégories. Il s'agit manifestement d'une « réalité objective »[1], c'est-à-dire d'un rapport possible à l'objet. Or, cela correspond à la tâche dont la déduction doit s'acquitter[2] – sans que, toutefois, on ne sache davantage *comment* cette tâche est accomplie. Ainsi serait donc indiquée la direction dans laquelle la déduction doit être effectuée (où l'on part des catégories et non plus des intuitions). Cependant, cette idée que les catégories n'ont d'usage légitime en vue de la connaissance que grâce à leur application aux objets de l'expérience n'est pas le but déclaré de la déduction transcendantale, mais seulement une sorte de cadre préliminaire dans lequel elle devra s'inscrire.

1. KrV, A 155 *sq.*/B 194 *sq.*
2. KrV, A 85/B 117.

§ 24. De l'application des catégories à des objets des sens en général

Si la *direction* est ainsi indiquée, il s'agit à présent de démontrer concrètement *comment* le rapport à l'objet est possible – en partant des sources subjectives de la connaissance et en expliquant précisément la façon dont les catégories se rapportent à l'objet. Avec la solution développée dans cette étape, qui achève la déduction des catégories, la déduction B va au-delà de la déduction A.

Le rapport des catégories aux objets de l'intuition s'effectue au moyen d'une *synthèse* – nous le savons déjà depuis le paragraphe 15. Nous savons également, ou plutôt nous avons pensé jusqu'ici, que la synthèse est effectuée par l'*entendement.* Or Kant fait remarquer qu'il existe en réalité *deux* sortes de synthèses, dont l'une relève effectivement de l'*entendement*, mais l'autre de l'*imagination*.

La première synthèse, celle de l'*entendement*, est qualifiée par Kant de « purement intellectuelle » (*synthesis intellectualis*), ce qui veut dire qu'elle repose *exclusivement* sur l'entendement. Elle établit l'unité d'un « objet en général » qui, bien sûr, n'est pas encore un objet *déterminé.* Kant ne veut pas dire par là que l'objet ne serait pas déterminé par l'*entendement*, mais – et c'est là qu'il s'écarte de son usage habituel de la « détermination (*Bestimmung* ou *Bestimmtheit*) » – qu'il n'y a pas encore ici de détermination de l'objet par son *contenu.* Comment une *telle* détermination (relevant du « contenu ») est-elle possible et en quoi consiste-t-elle ? Pour répondre à cette question, la deuxième synthèse – celle de l'*imagination* – entre en jeu[1].

---

1. Ou pour le dire autrement : dans le cas de la « *synthesis intellectualis* », la synthèse n'est pas affectée par les conditions de *notre* sensibilité (plus exactement : par celles de notre intuition *a priori*) tandis que, dans le cas de la « *synthesis speciosa* », l'unité de cette synthèse est

Il faut d'abord faire deux remarques préliminaires. *Primo*, il faut éviter d'emblée tout malentendu. La « détermination » introduite ici ne se réfère pas à des qualités *empiriques* (donc pas à la sensation). Il s'agit au contraire exclusivement d'une *pure* détermination qui ne peut donc renvoyer qu'à la *dimension* A PRIORI *de la sensibilité*.

Secundo, les formes *a priori* de la sensibilité sont l'espace et le temps. Comme nous le verrons dans les annexes sur le schématisme (car la déduction B est chronologiquement *postérieure* au chapitre sur le schématisme de l'édition de 1781), c'est la détermination transcendantale *temporelle* (*transzendentale Zeitbestimmung*) qui est responsable de la manière dont les catégories rendent concrètement possible l'expérience – c'est-à-dire non plus en ce qui concerne la *légitimation* de l'usage des catégories, telle qu'elle est fournie ici dans le chapitre sur la déduction[1], mais précisément eu égard au « comment [*wie*] » de cette possibilisation. Lorsqu'il est ici question de la « dimension *a priori* de la sensibilité » – cette expression n'est certes pas de Kant –, il ne peut s'agir expressément que du *temps*[2]. Cela coïncide avec la remarque importante suivante au tout début de la déduction A, qui a déjà été citée :

donnée par l'unité de la conscience de soi par laquelle est justement déterminé le divers de *notre* intuition *a priori*. Or, ce qui explique pourquoi l'imagination intervient ici, c'est le fait que l'acte de l'unité à laquelle est ramené le divers des sens pour autant qu'il relève de notre intuition *a priori* est un acte *indépendant* de la présence des objets – et l'imagination n'est très précisément rien d'autre que la faculté de la représentation des objets indépendamment de leur existence, *cf.* J. Ebbinghaus, *Philosophische Studien aus dem Nachlass*, *op. cit.*, p. 185 *sq.*

1. KrV, B 167 et A 138 *sq.*/B 177 *sq.*

2. Cela contredit massivement toute interprétation qui prétendrait que l'édition A accorde une priorité au *temps* et l'édition B à l'*espace*. Au contraire, le temps n'est *pas moins prioritaire* dans l'édition B que dans l'édition A.

> D'où que proviennent nos représentations, qu'elles soient produites par l'influence de choses extérieures ou par des causes internes, qu'elles soient nées *a priori* ou empiriquement, comme phénomènes : elles appartiennent, en tant que modifications de l'esprit, au sens interne, et en tant que telles, toutes nos connaissances sont finalement soumises à la condition formelle du sens interne, à savoir le temps, dans lequel elles doivent être ordonnées, reliées et mises en rapport. C'est là une remarque générale qui doit absolument être pris pour fondement dans ce qui suit[1].

Que faut-il comprendre exactement par cette « détermination (*Bestimmtheit*) *pure* » ? Kant vise ici une certaine « *figure intuitive* » ou « *figure* » *dans le temps*. La synthèse ici en jeu, il la désigne comme une « synthèse figurative (*figürliche Synthesis*) », plus précisément – et plus spécifiquement – comme une « synthèse transcendantale de l'imagination ». Par cette forme particulière de la « *synthesis speciosa* » – « *synthesis speciosa* » étant le terme générique, « synthèse transcendantale de l'imagination » en étant la spécification et ce, lorsque la « *synthesis speciosa* » relève de l'unité de l'*aperception* –, est établie « l'unité synthétique de l'aperception du divers de l'*intuition sensible* ». Bien qu'il s'agisse d'une synthèse de l'imagination – et plus précisément de l'imagination « productrice » – Kant attribue son « effet sur la sensibilité » à l'*entendement* – en tant que « première application de celui-ci (principe en même temps de toutes les autres) à des objets de l'intuition possible pour nous »[2].

Mais en quoi consiste très concrètement cette « synthèse transcendantale de l'imagination » ? Elle consiste dans l'idée que TOUTES LES REPRÉSENTATIONS – *même celles du*

---

1. KrV, A 98 *sq*.
2. KrV, B 152.

« *sens externe* » ! – *s'adaptent au sens interne et s'y inscrivent*[1]. Il est donc approprié de la concevoir comme une « imagination schématisante ». La « figurativité » « produite » par l'« imagination productrice » signifie alors qu'un *cadre temporel apriorique* assure l'adéquation et l'ajustement des catégories vis-à-vis des objets de l'intuition sensible[2]. (Cela fournit manifestement le cadre transcendantal pour le chapitre sur le schématisme[3].) Pour étayer cette thèse, il est utile de prendre en considération une distinction effectuée dans la deuxième partie du paragraphe 24[4].

Kant y distingue les synthèses de l'aperception, du sens interne et de l'imagination. La synthèse de l'aperception *précède toute intuition sensible* et se rapporte à des *objets en général* (intellectualité pure). Le sens interne contient simplement la forme de l'intuition *avant toute intuition* DÉTERMINÉE (c'est-à-dire ici : avant toute liaison) et ne fait que mettre en ordre temporel le divers (sensibilité *a priori* pure). Nous sommes donc ici face à l'opposition très nette entre la synthèse de l'aperception et la synthèse du sens. La première se rapporte à la détermination purement catégoriale d'un objet simplement pensé en général ; la seconde concerne uniquement l'ordre temporel de l'aperception « avant » ou indépendamment de toute

---

1. *Cf.* KrV, B 155.
2. Il existe donc un certain parallèle entre la *synthesis speciosa* et l'aperception transcendantale. De même que celle-ci représente une unité supérieure (qualitative) par rapport à la catégorie de l'unité (quantitative), celle-là constitue une forme supérieure de synthèse par rapport aux synthèses de l'entendement, notamment dans la déduction des catégories.
3. Le chapitre sur le schématisme montre comment les catégories peuvent être appliquées concrètement aux intuitions au moyen de ce que l'on appelle des « schèmes » (« déterminations transcendantales temporelles »), *cf.* les deux annexes.
4. KrV, B 154.

détermination catégoriale par l'entendement. L'imagination est donc nécessaire à la médiation du phénomène et de l'objet en général. *Elle assure, par la détermination successive et synthétique du sens interne – c'est-à-dire par la synthèse figurative –* la POSSIBILITÉ DE LA DÉTERMINATION DE L'INTUITION, ce qui doit permettre de reconnaître « l'influence synthétique de l'entendement sur le sens interne »[1].

La proposition décisive est la suivante – et pour une meilleure compréhension, les pronoms déterminants sont remplacés par les substantifs qui leur correspondent : « L'entendement *ne trouve* […] pas déjà dans le sens interne une liaison <successive> du divers, mais il *la produit* en *affectant* le sens interne[2]. » La liaison successive du divers est produite par le fait que le sens interne est affecté par l'entendement. L'auto-affection de l'esprit (*Gemüt*) est le principe de la liaison successive du divers, par laquelle l'objet est tout d'abord constitué. *Au fondement de la contraction phénoménologique, au moyen de laquelle le rapport à l'objet est établi en vertu de l'auto-contraction de l'aperception, il y a donc l'auto-affection.*

Mais comment faut-il comprendre exactement le fait que l'affection du sens interne par l'entendement permet de réaliser une liaison successive du divers ? Quel est le rapport entre les deux ?

Il apparaît clairement au paragraphe 24 – notamment aux pages B 154 à B 156 –, et l'analyse qui vient d'être développée l'a très nettement mis en évidence, que tout se ramène ici à la *succession* – et c'est donc elle qui constitue le « cadre temporel » évoqué plus haut. Ce qui est « figuré »,

1. KrV, B 154.
2. KrV, B 155.

formé dans la « synthèse figurative », c'est la succession elle-même ! Et la succession est précisément due à l'auto-affection en tant qu'auto-détermination du sens interne, qui s'accomplit dans un *mouvement* caractérisant l'action transcendantale du sujet lui-même. Ce mouvement, qui ne se laisse identifier que dans le cadre de la philosophie *transcendantale*, doit être conçu comme un « acte pur de la synthèse successive du divers dans l'intuition externe en général par l'imagination productrice [...] »[1]. Kant de préciser : « Le mouvement, comme acte du sujet (non comme détermination d'un objet), par conséquent la synthèse du divers dans l'espace, si nous faisons abstraction de celui-ci et portons attention simplement à l'acte par lequel nous déterminons le *sens interne* conformément à sa forme, c'est ce qui produit d'abord le concept de succession »[2]. Kant donne plusieurs exemples – ceux du tracé de lignes, de la description d'un cercle, de l'établissement de la tridimensionnalité de l'espace et même de la représentation du temps en général – pour montrer qu'à chaque fois la synthèse figurative en tant que production d'un certain type de succession – et donc l'auto-affection – est ici en jeu (ce qui signifie d'ailleurs que ce n'est pas la *permanence*, comme cela a été souligné dans l'édition A, mais bien la *succession* qui constitue la détermination fondamentale du temps).

Avec cette mise en évidence de la « synthèse de l'imagination » transcendantale et productrice, la première partie de la déduction subjective dans l'édition B est donc achevée.

1. KrV, B 155 (note de bas de page).
2. KrV, B 154 *sq.*

§ 25. Conscience de l'être du Moi et conscience de l'apparition à soi du Moi

Accomplissant le second volet argumentatif du paragraphe 24, Kant pose la question de savoir comment je suis *conscient* de moi-même dans cette synthèse transcendantale du divers des représentations en général. Il répond : quant à l'être du Moi en général, je suis seulement conscient du fait *que* je suis ; dans ce cas, « j'existe en tant qu'intelligence ». En revanche, dans la liaison du divers dans laquelle cette intelligence est soumise au *sens interne*, je suis conscient de la manière dont je m'*apparais*. En ce qui concerne la première, c'est-à-dire la conscience du moi dans son *être*, on peut donc seulement constater qu'il est conscient de sa capacité de liaison. En dehors de cela, on ne peut rien dire de cette conscience de son être, car aucune intuition ne lui correspond.

§ 26. Déduction transcendantale de l'usage empirique que l'on peut faire en général des catégories

Le statut de la « déduction transcendantale » dans le paragraphe 26 est entaché de quelques difficultés non négligeables. La raison en est que Kant y poursuit *deux objectifs*. D'une part, il s'agit de montrer, conformément à ce qui a été annoncé au paragraphe 21[1], comment la déduction peut désormais s'appliquer spécifiquement à l'intuition *sensible humaine* (dont les formes *a priori* sont l'espace et le temps), c'est-à-dire qu'elle n'est plus simple-

---

1. « Dans la suite (§ 26), on montrera, par la manière dont l'intuition empirique est donnée dans la sensibilité, que l'unité de cette intuition n'est autre que celle que la catégorie prescrit, d'après le précédent paragraphe 20, au divers d'une intuition donnée en général, et que donc, du fait que la validité *a priori* de la catégorie est expliquée eu égard à tous les objets de nos sens, le but de la déduction sera cette fois pleinement atteint », KrV, B 144 *sq.*

ment valable pour une « intuition donnée *en général* » (ce qui fournissait le cadre dans lequel avait d'abord été réalisée la déduction du § 20). Cela signifie de toute évidence que Kant passe ici d'un cadre plus *large* à un cadre plus *restreint* – à savoir d'une intuition donnée *en général* (qui peut être conçue aussi bien comme sensible que comme non sensible) à une intuition exclusivement *sensible*. D'autre part, il s'agit maintenant de procéder à une déduction qui explique comment les objets des sens peuvent être connus moyennant les catégories non plus conformément à la *forme de l'intuition*, mais aux *lois de la liaison des sens*. On cherche ainsi à expliquer comment ce qui est rendu accessible par les sens est soumis à des lois qui ont leur source uniquement dans l'entendement *a priori*, c'est-à-dire comment quelque chose d'« objectif » peut en quelque sorte être soumis à une légalité « subjective ». Il semble donc que l'on emprunte ici le chemin inverse d'un cadre *plus étroit,* limité à la seule *forme de l'intuition*, un cadre *plus large,* concernant l'usage *général* des catégories,[1] (ce qu'exprime également le titre du § 26[2]). Or, comment ces deux lectures sont-elles compatibles ?

La réponse à cette question a déjà été donnée par Manfred Baum. Sa thèse est la suivante :

> La première partie de la déduction (§ 20) démontre que les catégories sont les conditions de l'objectivité des objets [*Objektivität der Objekte*] de toute intuition (sensible), la seconde partie de cette déduction démontre qu'elles sont les conditions de notre connaissance des objets grâce à l'expérience (perceptions liées). Il s'ensuit que le second « moment » de la déduction ne constitue pas un progrès

---

1. C'est en tout cas la lecture qu'en fait Wagner.
2. « Déduction transcendantale de l'usage empirique *que l'on peut faire en général* des catégories ».

vis-à-vis du premier, mais se comporte inversement par rapport à lui : l'espace et le temps sont des conditions *subjectives* de la connaissance [deuxième moment] des objets de l'intuition en général dont les conditions objectives sont les catégories [premier moment] ... [1].

L'interprétation « phénoménologique » ici développée s'écarte quelque peu de la lecture de Baum [2]. Mais elle défend également l'idée que la déduction contient deux moments et que le premier démontre que les catégories sont les conditions de l'*objectivité* des objets (déduction objective) alors que le second démontre qu'elles sont les conditions de notre *connaissance* des objets par l'expérience (déduction subjective). Voyons maintenant comment Kant procède en détail.

Le paragraphe 24 avait traité de la synthèse transcendantale de l'imagination. Il avait montré quelle « figure » transcendantale était produite par l'imagination, c'est-à-dire comment s'effectuait la détermination successive du sens interne pour rendre possible l'inscription de toutes les représentations dans ce sens interne ou l'ajustement de celles-là vis-à-vis de celui-ci. Mais cela concernait exclusivement la condition de l'application des catégories à la *forme temporelle a priori*, donc en fait au « sens interne » en tant qu'il était *purement* intuitif. Mais cela ne dit encore

---

1. M. Baum, *Deduktion und Beweis in Kant Transzendentalphilosophie*, Königstein, Athenäum, 1986, p. 12.

2. Cette interprétation diffère de celle de Baum dans la mesure où, dans celle-ci, le premier moment est compris comme une déduction *subjective*, alors qu'il a été démontré plus haut qu'il y a beaucoup plus d'arguments en faveur de l'idée qu'il s'agit d'une déduction *objective*, à savoir le fait qu'on n'y part pas des sources subjectives de la connaissance, mais des catégories déjà supposées données. En revanche, il nous semble évident que Baum a raison d'assimiler le deuxième moment à une déduction subjective.

rien de l'intuition *empirique* qui, elle aussi, entre de manière constitutive dans l'expérience (pour aboutir à une connaissance empirique). C'est ce point qui constitue justement la deuxième partie de la déduction subjective dans l'édition B qu'il s'agit d'éclaircir dans ce paragraphe.

Toute perception a besoin d'une synthèse particulière par laquelle le divers des sens est rassemblé en *une intuition empirique*. Kant qualifie cette synthèse de « synthèse de l'appréhension ». À défaut d'une telle synthèse, aucune perception n'est possible.

Cette synthèse n'est pas censée être valide pour l'espace et le temps en tant que « formes de l'intuition » (formes *a priori* de la sensibilité), mais – comme cela a déjà été montré dans la « déduction par les synthèses » de l'édition A – pour l'espace et le temps en tant qu'« intuitions formelles » (déterminations fondamentales de l'unité de toutes les représentations)[1]. L'espace et le temps, compris comme « intuitions formelles », sont au fondement de tout phénomène (et donc de l'expérience)[2]. Ainsi, la synthèse de l'appréhension (qui doit être *a priori*), requise pour l'expérience, rend celle-ci possible. – Ce raisonnement correspond à celui de la « synthèse de l'appréhension dans l'intuition » dans la déduction A. Alors que, dans l'édition A, cette synthèse était subordonnée à la synthèse de la recognition, Kant lui accorde ici une plus grande importance, car elle constitue le noyau du second moment de la déduction subjective dans l'édition B. –

1. Même si Kant n'a certes pas utilisé le terme d'« intuition formelle » dans la première édition de la *Critique de la raison pure*.

2. Ces « intuitions formelles » se situent pour ainsi dire du côté « objectif » – mieux : pré-objectif –, tandis que les formes *a priori* de l'intuition relèvent du côté « subjectif ».

Comment est-il alors possible que les catégories puissent prescrire des lois *a priori* aux phénomènes ? En ne réprimant pas un certain étonnement, Kant fait la remarque suivante (nous corrigeons et complétons la phrase elliptique à la page B 164 comme suit) : « Il n'y a rien de plus étrange que la manière dont les lois des phénomènes dans la nature sont censées s'accorder avec l'entendement et sa forme *a priori*, c'est-à-dire sa faculté de *lier* le divers en général, de même que les phénomènes eux-mêmes s'accordent avec la forme de l'intuition sensible *a priori*[1]. »

La solution à ce problème dépend de la notion de « lien » (qui renvoie apparemment à la notion de « liaison » du § 15) ou de « faculté de lier » :

> Or, ce qui lie le divers de l'intuition sensible est l'*imagination*, qui dépend de l'*entendement*, selon l'unité de sa synthèse intellectuelle, et de la *sensibilité*, selon la diversité de l'appréhension. Puisque toute perception possible dépend de la synthèse de l'appréhension, mais que cette synthèse empirique elle-même dépend de la synthèse transcendantale, par conséquent des catégories, toutes les perceptions possibles, par conséquent aussi tout ce qui peut jamais accéder à la conscience empirique, c'est-à-dire tous les phénomènes de la nature, doivent être soumis, quant à leur liaison, aux catégories...[2].

Kant affirme ici deux choses.

1) L'expérience dépend de la synthèse de l'appréhension, mais celle-ci dépend des catégories. Donc – et le but de la démonstration est ainsi atteint –, *toute expérience est soumise aux catégories*. Le deuxième point de la déduction subjective est ainsi satisfait et le projet de Kant est achevé.

---

1. KrV, B 164.
2. KrV, B 164 *sq.*

2) Toute liaison du divers dépend de l'imagination (dont le fondement d'unité doit certes être rapporté à l'entendement et le divers à synthétiser à la sensibilité). Dans une note de bas de page, Kant précise que « la synthèse de l'appréhension, qui est empirique, *doit être nécessairement conforme* à la synthèse de l'aperception qui est intellectuelle, et qui est entièrement contenue *a priori* dans la catégorie. *C'est une seule et même spontanéité qui, là sous le nom d'imagination*[1], *ici sous celui d'entendement, introduit la liaison dans le divers de l'intuition* »[2]. Il y a ainsi, en ce qui concerne la liaison du divers de l'intuition, un accord absolu entre les opérations synthétiques de l'imagination et celles de l'entendement, tant sur le plan empirique que sur le plan *a priori*[3]. Et cette note exprime donc explicitement que les étapes accomplies dans le paragraphe 24 et dans ce paragraphe 26 vont de pair et mènent cette déduction (subjective) à son terme.

§ 27. Résultat de cette déduction des catégories

Kant insiste une dernière fois sur l'idée que les catégories contiennent les principes de la possibilité de l'expérience. Cela réaffirme, en conclusion de cette déduction B, la primauté de la perspective de la déduction *subjective*. Un dernier indice pour cette primauté est le suivant.

---

1. Cette thèse est reprise à la déduction A, *cf.* KrV, A 120 (note de bas de page) – même si, dans la déduction B, Kant tend certes à rapprocher davantage l'imagination de l'entendement.
2. KrV, B 162. Ainsi, la valorisation de la synthèse de l'appréhension, évoquée à l'instant, se confirme. Ce qui correspond également à la valorisation de la succession par rapport à la permanence qui figure dans le paragraphe 24.
3. Là encore, le rôle de l'imagination est relevé par rapport à celui de l'entendement (si l'on compare la déduction B avec la déduction A).

Pour clarifier encore d'une autre manière le rôle des catégories pour la possibilité de l'expérience, Kant assimile explicitement ce rôle à la conception d'un « système d'*épigenèse* de la raison pure ». Au paragraphe 81 de la *Critique de la faculté de juger*, il caractérise l'épigenèse comme une « préformation générique » (dont le caractère génératif est ainsi confirmé sur le plan terminologique). Ce type de préformation ne doit pas être confondu avec celui qui équivaudrait à une harmonie préétablie : au sens de Leibniz, Kant rejette explicitement cette conception parce qu'elle manque de nécessité et expose la connaissance à l'arbitraire. Elle s'en distingue dans la mesure où, dans l'épigenèse bien comprise, la connaissance est entièrement liée à la générativité des sources subjectives de la connaissance et ne doit donc pas être comprise comme une genèse biologique. L'épigenèse de la raison pure détermine et caractérise la déduction des concepts purs de l'entendement, car « les catégories contiennent, du côté de l'entendement, les principes de la possibilité de toute expérience en général »[1]. La référence à l'épigenèse résume donc encore une fois, de manière intuitive (et en quelque sorte métaphorique), l'idée fondamentale de la déduction subjective des catégories[2].

---

1. KrV, B 167.

2. On pourrait dire, selon la terminologie dans *Le clignotement de l'être* que le but de la démonstration de la déduction subjective est atteint du fait que, dans un processus génératif du « sens se faisant » – dans lequel un rôle essentiel incombe à l'imagination productrice –, une « hypothéticité catégorique » est apparue avec évidence. Au départ, il n'était pas du tout certain que l'analyse de la faculté de penser permette également d'établir un rapport à l'objet. Mais c'est très précisément ce qui a été démontré. C'est en ce sens que ce procédé génératif permet en effet de mettre en évidence la catégoricité dans l'hypothéticité.

Enfin, le « bref concept de la déduction » retient que les catégories fondées sur le principe de l'unité synthétique originaire de l'aperception rendent l'expérience possible dans la mesure où elles déterminent nécessairement tous les phénomènes dans l'espace et le temps. C'est très clairement le résumé d'une déduction *objective*, et non de la déduction *subjective*, et ne rend donc pas compte de la complexité et de la profondeur réelles de la déduction des catégories dans son ensemble.

CONCLUSION

*Représentation schématique de toutes
    les déductions dans la* Critique de la raison pure

Dans les deux premières éditions de la *Critique de la raison pure*, Kant présente au total sept déductions, c'est-à-dire sept argumentations différentes visant à établir comment nos représentations peuvent se rapporter *a priori* à l'objet (trois déductions objectives et quatre déductions subjectives).

La déduction objective part – de manière *statique* – du donné (qu'il s'agisse de l'*expérience* en général, du *phénomène* ou des *formes du jugement,* ce qui implique toujours une « effectuation [*Bewirken*] » de catégories déjà présentes) et a pour but de démontrer la validité objective de ces concepts purs de l'entendement. La déduction subjective pose la question de la possibilité même de la faculté de penser et met à chaque fois en jeu l'imagination. Elle va au-delà de la problématique spécifique de la déduction objective et s'interroge – de manière *dynamique* – sur le possible rapport à l'objet du penser en général.

Les différents arguments de ces différentes déductions peuvent être résumés de la manière suivante :

Première déduction objective (§ 14)

La réalité objective des catégories réside dans le fait que ce n'est qu'en vertu d'elles que l'expérience est tout d'abord *possible*.

Déduction A

1/ « Déduction par les synthèses »

« Contraction phénoménologique »; la synthèse s'effectue à l'aide des catégories, ce qui démontre leur réalité objective.

L'argumentation se fonde ici sur le temps ainsi que sur l'enchaînement des trois synthèses.

2/ Déduction « d'en haut »

Comme la « déduction par les synthèses » + l'imagination productrice

3/ Déduction « d'en bas »

Comme la déduction d'en haut + l'intellec-tualisation de l'imagination productrice par l'aperception pure (ce qui requiert les catégories).

Présentation sommaire (**déduction objective**[1])

L'objet en tant que phénomène doit être fondé sur une aperception pure et unificatrice. Cette unité est garantie par les catégories, d'où résulte derechef leur réalité objective.

---

1. Cette deuxième déduction objective se présente de la même manière que la première déduction objective – à la seule différence que, ici, le rôle de l'aperception transcendantale est également pris en compte.

Déduction B

    1e étape : comme la présentation sommaire de la déduction A + fonctions du jugement (**déduction objective**)[1]

    2e étape : la réponse à la question du « comment » (**déduction subjective**) se divise en deux moments :

    a/ eu égard à l'intuition *a priori* (avec la synthèse de l'imagination productrice [production de la figurativité]) (§ 24) ;

    b/ eu égard à l'intuition empirique (avec la synthèse de l'appréhension) (§ 26).

Cela correspond à la double configuration suivante : dans un premier temps, Kant montre comment les catégories apportent l'unité dans le divers d'une intuition donnée *en général* et, dans un deuxième temps, il fait de même pour notre intuition *sensible* dont les formes sont l'espace et le temps[2].

Cette interprétation a-t-elle confirmé l'hypothèse formulée initialement sur le rôle attribué respectivement à la déduction objective, d'un côté, et à la déduction subjective, de l'autre ?

---

1. Cette troisième déduction objective correspond donc à la deuxième en y ajoutant les fonctions du jugement.

2. Dans la mesure où « l'usage empirique que l'on peut faire en général » des catégories ne concerne pas seulement les intuitions pures de l'espace et du temps (§ 24), mais aussi les intuitions empiriques (§ 26), cet usage ne pourra être clarifié de façon définitive que si ces dernières sont également prises en compte. C'est précisément ce Kant entreprend au paragraphe 26, qui porte donc logiquement le titre d'une « Déduction transcendantale de l'*usage empirique* QUE L'ON PEUT FAIRE EN GÉNÉRAL des concepts purs de l'entendement ».

Avec la déduction objective – de même qu'avec la mise en évidence du fait que, grâce aux catégories, le divers d'une intuition donnée est *unifié* – le but fondamental de la déduction est manifestement atteint. Mais cela ne signifie pas pour autant qu'une réponse soit apportée à la « question capitale »[1] de la déduction. D'après la définition de la déduction transcendantale des catégories, il s'agissait d'expliquer comment ces dernières peuvent se rapporter *a priori* à un objet. Or, c'est précisément le *penser* qui unit le divers de telle sorte qu'un objet est constitué. Si l'on se demande donc comment le rapport à l'objet est possible, on répond finalement à la question de savoir comment le penser lui-même est possible. Et c'est très précisément une autre formulation de la tâche dont la déduction subjective est censée s'acquitter. Par conséquent, le but de la déduction transcendantale des catégories correspond exactement à celui de la déduction subjective.

En d'autres termes, il s'agit d'expliquer *comment* l'expérience elle-même est rendue possible grâce aux catégories, ou comment le « penser » peut *concrètement* s'appliquer aux intuitions, c'est-à-dire être valide pour des objets. Ce problème (qui, comme nous l'avons dit, correspond à la tâche de la déduction subjective) se situe à un niveau plus enfoui par rapport à celui dont traite la déduction objective (on pourrait également dire qu'il s'agit d'un niveau de réflexion supérieur). Il ne peut en effet être résolu de manière conséquente que par la déduction *subjective*. C'est effectivement ce à quoi Kant procède dans les paragraphes 24 et 26, où il montre comment s'effectue *concrètement* l'application des catégories aux intuitions – à savoir une fois par la synthèse de l'imagination

1. KrV, A XVII.

productrice en tant qu'elle s'applique aux intuitions pures (§ 24) et une autre fois par la synthèse de l'appréhension en tant qu'elle s'applique aux intuitions empiriques (§ 26). Ce n'est que si l'on estime la déduction subjective eu égard à son importance systématique que l'on peut rendre intelligible la manière dont les deux moments de la déduction B s'articulent entre eux de façon cohérente.

Modifications entre les deux éditions

Les recherches kantiennes ont déjà livré des contributions significatives pour justifier la réalisation d'une nouvelle version (en 1787) du chapitre de la déduction transcendantale des catégories. Néanmoins, une comparaison *systématique* des deux versions reste un *desideratum* de la recherche. Dans le cadre de l'interprétation « minimaliste » présentée ici, nous nous contenterons d'aborder brièvement les points les plus saillants, en laissant à une analyse approfondie (qu'il reste à accomplir) le soin de creuser davantage ce qui demeurera ici à l'état d'une première amorce.

D'un point de vue formel, on remarque tout d'abord que la structure de la déduction de l'édition de 1781 diffère de celle de 1787. On pourrait qualifier cette dernière d'« horizontale » et la première de « verticale ». Dans la version de 1781, les trois déductions subjectives s'effectuent « *d'en bas* » ou « *d'en haut* », tandis que la version de 1787 ne distingue qu'une perspective *a priori* (synthèse de l'imagination) et une perspective *empirique* (synthèse de l'appréhension), bien que cela valût déjà – en dehors de la « verticalité » – pour les déductions « d'en haut » et « d'en bas ». Du point de vue du contenu, l'édition B ajoute, par rapport à l'édition A, les nouveaux concepts de *fonction du jugement* dans la déduction objective et de *figurativité* ainsi que d'*auto-affection* dans la déduction subjective. Enfin, on constate également une différence eu égard à la démonstration du *rapport à l'objet*. Dans la première édition, ce rapport à l'objet est établi par le *concept* et moyennant ce que nous avons appelé la « *contraction phénoménologique* », tandis que, dans la deuxième édition, ce sont l'*aperception* et la fonction logique du *jugement* (déduction objective) et la *synthèse figurative* (déduction subjective) qui sont mis en avant à ce propos[1]. Ce rapport à l'objet est ainsi soumis à l'entendement dans la première édition, et à l'imagination dans la deuxième – même si celle-ci se trouve finalement à son tour attribuée à l'entendement. Le rôle de l'entendement reste globalement le même dans les deux éditions. Ce qui change cependant, c'est que, dans toute cette problématique du rapport à l'objet telle qu'elle est élaborée dans la déduction subjective, la deuxième édition met l'accent – davantage (encore) que la première – sur le *sens interne*, c'est-à-dire sur le *temps*. Contrairement à une position souvent défendue, il s'avère donc que le temps joue un rôle au moins aussi important (si ce n'est plus important) dans l'édition de 1787 que dans celle de 1781.

Si l'on essayait de résumer l'argumentation de la déduction des catégories dans les deux éditions en la réduisant à l'essentiel, on pourrait retenir deux points. Premièrement, le rapport à l'objet est établi en 1781 par la « contraction phénoménologique » et en 1787 par la

---

1. Le fait que cette question de la possibilité du rapport à l'objet, qui est *la* question fondamentale de la déduction en général, reçoive une réponse totalement différente dans les deux parties de la déduction de l'édition B, est un argument supplémentaire en faveur de l'idée de leur attribuer un type de déduction spécifique, à savoir une déduction objective à la première partie et une déduction subjective à la seconde.

« synthèse figurative ». Il est ainsi clair que, dans l'édition A, Kant met en avant le rôle de l'« effectuation (*Bewirken*) » de la « conscience de soi transcendantale », tandis que, dans l'édition B, c'est la « productivité » (ou la « générativité ») de l'« imagination transcendantale » qui commande toute l'analyse. Ce qui semble constituer l'arrière-plan pour expliquer pourquoi il fallait produire une nouvelle version de la déduction des catégories, c'est le déplacement d'une conception centrée sur la *conscience* vers une conception qui ne privilégie pas les actes de conscience, mais qui fait apparaître des *processus du « sens se faisant (Sinnbildung) »* authentiquement *transcendantaux* (« *génératifs* »), ou autrement dit : d'une version *psychologisante* vers une version de part en part *transcendantale* de la déduction. Quoi qu'il en soit, étant donné que l'imagination joue un rôle important dans les déductions « d'en haut » et « d'en bas », mais que la constitution de l'objet qui en résulte n'est rendue pleinement intelligible que dans l'édition B, les modifications apportées en 1787 améliorent sans nul doute ce chapitre sur la déduction transcendantale des catégories.

D'un point de vue phénoménologique, qui se focalise sur des considérations systématiques, les deux éditions présentent ainsi des versions différentes de la manière dont le rapport à l'objet – qui fournit des indications précieuses pour l'élucidation de la « corrélation » – doit être conçu, lesquelles méritent d'être approfondies. Dans tous les cas, la « contraction phénoménologique » et la « figurativité » sont deux concepts fort intéressants que la méthode phénoménologique se doit de mettre à profit.

Deuxièmement, la « déduction par les synthèses » dans l'édition de 1781, d'une part, et le paragraphe 16 de la déduction B, d'autre part, aboutissent à deux relations de médiation réciproque tout à fait remarquables. Dans l'édition A, cela concerne la relation entre le rapport *a priori* à l'objet et la conscience de l'identité de l'aperception, et, dans l'édition B, entre l'aperception analytique, numériquement identique, qui permet l'auto-attribution de toutes les représentations, et la conscience de la synthèse de ces représentations (aperception synthétique) en tant que principe de cette aperception analytique. Mais s'agit-il vraiment, à proprement parler, d'une *modification* entre une idée décisive de la première édition et une idée non moins importante de la deuxième édition ? À première vue, il semble que ce soit le cas, car la possibilité du rapport *a priori* à l'objet qui, dans l'édition de 1781, est un élément de cette relation de réciprocité, n'est élucidée dans l'édition de 1787 qu'au paragraphe 17 – donc *après* la mise en évidence de cette relation de médiation. Mais si l'on ajoute les explications du paragraphe 17 à celles du paragraphe 16, on peut dire qu'il s'agit malgré tout dans les deux éditions de la même relation de médiation réciproque.

LE SCHÉMATISME TRANSCENDANTAL

Dans cette première annexe, il sera question du « Schématisme transcendantal » qui est l'avant-dernier chapitre important de l'« Analytique transcendantale » dans la *Critique de la raison pure*. Ce chapitre que Heidegger a certainement non sans raison considéré comme le « cœur (*Kernstück*) »[1] de la première *Critique*, est intéressant au moins pour deux raisons. D'une part, il renoue avec l'idée centrale de la déduction *subjective* et montre *comment* les catégories peuvent s'appliquer *concrètement* aux objets

---

1. PIK, p. 194, 287, 386, 429. Cette appréciation, en effet tout à fait défendable d'un point de vue factuel, se heurte bien sûr à un texte très insatisfaisant. Il est assez étrange que Kant n'ait pas exposé plus clairement et plus distinctement le cheminement de la pensée du chapitre sur le schématisme dans l'édition B. Mais cela ne change rien au fait que l'avis de certains commentateurs, selon lequel le chapitre sur le schématisme est superflu, doit être clairement rejeté. Selon G. Seel (dans *Kritik der reinen Vernunft – Klassiker Auslegen*, G. Mohr, M. Willaschek [eds.], *op. cit.*, p. 245), un tel avis a été exprimé par exemple par les auteurs suivants : E. Adickes, *Kant's Kritik der reinen Vernunft*, Berlin, 1889, p. 171 (n. 1) ; E. R. Curtius, « Das Schematismuskapitel in der *Kritik der reinen Vernunft* », *Kant-Studien* 19, 1914, p. 363-365 ; H. A. Prichard, *Kant's Theory of Knowledge*, Oxford, 1909, p. 246 *sq.* ; G. J. Warnock, « Concepts and Schematism », *Analysis* 8, 1949, p. 77-82. En revanche, il n'est pas moins insoutenable de prétendre, comme le fait Seel au même endroit, que le chapitre sur le schématisme rendrait « superflue » la déduction transcendantale.

de l'intuition. D'autre part, il peut également servir de texte source pour saisir le temps dans sa dimension métaphysique (mais pour le montrer, il faudrait dépasser le cadre de la théorie kantienne de la connaissance).

Rappelons d'abord quelques aspects importants concernant la *faculté de juger*. Celle-ci caractérise, d'après Kant, toute personne « intelligente ». Elle permet d'évaluer si quelque chose tombe ou non sous une règle générale. Une personne simple d'esprit peut avoir appris toute sorte de règles par cœur, mais si elle manque de discernement, elle ira beaucoup moins loin que celle à qui Kant attribue le « bon sens (*Mutterwitz*) » et qui est capable de décider si quelque chose peut être subsumé sous la règle en question ou non.

Or, ce qui constitue la faculté de juger au sens habituel du terme ne s'applique pas à la faculté de juger *transcendantale*. Celle-ci intervient lorsqu'il s'agit d'appliquer concrètement une catégorie à des intuitions. Ce qui permet cette application est *déjà disponible grâce à l'imagination* : Kant l'appelle le « schème ». Dans la mesure où l'entendement et la sensibilité ne sont pas de *même nature*, il s'agit ainsi, dans le chapitre sur le schématisme, de démontrer *comment* se présente concrètement le rapport de subsomption en question (c'est-à-dire la question de l'usage des catégories ou de leur applicabilité aux intuitions). Mais que faut-il entendre exactement par cette « même nature », qu'est-ce qui fait l'homogénéité (*Gleichartigkeit*) – ou non – des facultés de connaître ?

Cette question se pose compte tenu de l'exemple que Kant donne au début du chapitre : le concept empirique d'une assiette et le concept géométrique d'un cercle seraient de même nature parce que « la forme ronde qui est pensée

dans le premier se laisse intuitionner dans le second »[1].
L'homogénéité – ou la « même nature » – consisterait donc
apparemment en ce qu'il y aurait ici une *égalité de contenu*.
C'est ce qui confirmé en outre par le fait qu'il doit y avoir,
pour que la relation de subsomption puisse s'effectuer,
« un troisième terme, qui doit être homogène d'un côté à
la catégorie, de l'autre au phénomène, et qui rend possible
l'application de la première au second. Cette représentation
médiatrice doit être pure (sans rien d'empirique) et
cependant d'un côté *intellectuelle*, de l'autre *sensible* »[2].

Mais à y regarder de près, il ressort de la suite du texte
que ce n'est pas la similitude au niveau du contenu qui
constitue le principe de cette « homogénéité ». En effet,
on peut – et on doit – interpréter ces deux dernières idées
de telle façon que l'homogénéité repose sur le fait que les
représentations proviennent de la même faculté de
représentation. L'homogénéité désigne donc une *égalité
d'origine*.

Le schématisme est censé traiter de la « condition
sensible, sous laquelle seulement des concepts purs de
l'entendement peuvent être employés »[3]. Ce qui est
remarquable, c'est qu'il ne doit y avoir qu'*une seule*
condition sensible de ce genre puisque Kant parle ici au
singulier. Mais il s'agit en particulier, comme nous l'avons
dit, de l'« usage » légitime des catégories, c'est-à-dire de
la manière dont quelque chose peut être pensé par le biais
des catégories, et qui, de ce fait, fonde une connaissance,
ou a une « réalité objective ». Mais si c'est précisément
cela qui doit être réalisé par une condition *sensible*, on

1. KrV, A 137/B 176.
2. KrV, A 138/B 177.
3. KrV, A 136/B 175.

peut se demander pourquoi cela n'a été précisé que si tard dans la logique transcendantale. Est-ce qu'il n'aurait pas déjà dû en être question dans l'Esthétique transcendantale ou dans la Déduction transcendantale des catégories[1] ?

Kant attire donc l'attention sur la différence qui existe entre la déduction qui doit fournir une justification de la légitimité de l'usage des catégories et le schématisme qui doit montrer comment[2] les catégories peuvent concrètement se rapporter à des intuitions. La raison principale de l'ordre qu'il a choisi tient sans doute au fait que les principes de l'entendement « découlent » en quelque sorte des schèmes. Mais est-il en outre justifié de considérer les schèmes comme des « conditions sensibles » ? Cela doit être considéré de plus près (on voit ainsi à quel point le texte de ce chapitre est rédigé de manière vague et imprécise). Les réponses exactes à cette question découleront en tout cas de la définition et de l'explication des schèmes.

---

1. Globalement, il faut donc donner raison à Heidegger lorsqu'il critique le fait que, dans le chapitre sur le schématisme, Kant s'appuie surtout sur la division traditionnelle de la logique (logique du concept, logique du jugement, logique du raisonnement) plutôt que de suivre l'adéquation de ses propres analyses au contenu traité. Les aspects principaux du chapitre sur les schèmes transcendantaux sont étroitement liés à la déduction transcendantale des catégories – nettement plus, en tout cas, qu'à une doctrine de la faculté de juger.

2. Selon la proposition intéressante de Niklas Jaenecke, le fait que les réflexions portent précisément sur la manière dont il est possible de se rapporter à l'objet indique que le chapitre sur le schématisme pourrait aussi bien être lu comme une autre version de la déduction transcendantale – plus exactement : de la « déduction objective » qui aurait en fait son lieu adéquat à proximité immédiate du deuxième moment de la déduction B. Selon lui, le premier moment de la déduction B légitimerait l'usage des catégories non schématisées, tandis que le deuxième moment légitimerait celui des catégories schématisées.

Kant distingue trois types de schèmes. Conformément au fait qu'il existe des concepts empiriques (par exemple le concept de chien), des concepts sensibles purs (par exemple le concept de triangle) et des concepts non sensibles purs (par exemple le concept de substance), il faut également distinguer trois types de schèmes : les schèmes des concepts empiriques ou schèmes empiriques, les schèmes des « concepts sensibles purs »[1] (schèmes pour les concepts des objets de la géométrie pure) et les schèmes des concepts purs de l'entendement (catégories) ou schèmes transcendantaux. Voici ce que Kant précise à leur propos :

> [L]e schématisme de l'entendement, eu égard aux phénomènes et à leur simple forme, est un art caché dans les profondeurs de l'âme humaine, et dont nous aurons de la peine à arracher à la nature les secrets du fonctionnement pour les mettre à découvert sous les yeux. Tout ce que nous pouvons dire, c'est que l'*image* est un produit de la faculté empirique de l'imagination productrice et que le *schème* des concepts sensibles (comme des figures dans l'espace) est un produit et en quelque sorte un monogramme de l'imagination pure *a priori*, au moyen duquel et d'après lequel les images sont d'abord possibles – mais elles doivent être liées au concept uniquement au moyen du schème qu'elles désignent, et auquel elles ne sont pas en elles-mêmes pleinement adéquates. Le schème d'un concept pur de l'entendement, en revanche, est quelque chose qui ne peut être ramené à aucune image, il n'est que la synthèse pure, conformément à une règle de l'unité d'après des concepts en général, qui exprime la catégorie, et il est un produit transcendantal de l'imagination, qui concerne la détermination du sens interne en général selon les conditions de sa forme (le

---

1. KrV, A 140/B 180.

temps) eu égard à toutes les représentations, en tant
qu'elles doivent tenir ensemble *a priori* en un concept
conformément à l'unité de l'aperception[1].

Comme il ressort des dernières lignes de cette citation
– et cela a déjà été brièvement indiqué plus haut –, ce que
Kant affirme ici à propos du schème des concepts purs de
l'entendement se rattache directement à la tâche de la
déduction transcendantale des catégories.

Passons donc en revue les trois types de schèmes. Le
but de ces analyses est de déterminer en particulier le
troisième schème (le *schème transcendantal*)[2].

1) Il faut tout d'abord souligner que le *schème empirique*
ne peut pas être simplement identifié à une « image »,
comme le texte semble le suggérer à première vue. Tant
le schème que l'image sont, d'une manière très générale,
un *produit de l'imagination*. Que peut exactement la faculté
d'imagination ? La déduction des catégories nous a déjà
renseigné à ce propos. La fonction principale de l'imagination
est de produire des représentations *figuratives* (*figürliche
Vorstellungen*). Mais ce n'est bien sûr qu'une définition
relativement vague. Pour y voir plus clair, il faut d'abord
reconsidérer la distinction entre l'imagination *reproductrice*
et l'imagination *productrice*.

Comme nous l'avons vu dans la déduction A,
l'*imagination reproductrice* a deux fonctions. D'une part,
elle reproduit, au sein d'un processus perceptif *continu*,
des perceptions antérieures et elle les synthétise avec la
représentation de ce qui est actuellement perçu (voir la

1. KrV, A 141 *sq.*/B 180 *sq.*
2. *Cf.* les explications de Gerhard Seel dans son commentaire du
schématisme dans : *Kritik der reinen Vernunft – Klassiker Auslegen*,
op. cit., p. 232 *sq.*

« synthèse de la reproduction dans l'imagination »). D'autre part, elle transforme le divers de l'intuition en une *image*[1] – ce qui correspond à la « synthèse de l'appréhension dans l'intuition ». L'*imagination productrice* est à son tour divisée en deux. Kant distingue entre l'imagination productrice *empirique* et l'imagination productrice *pure*. L'imagination productrice empirique produit, à partir de données sensibles empiriques, une représentation qui n'a pas encore été donnée dans l'expérience (par exemple un centaure – un être mi-cheval, mi-homme). L'imagination productrice pure produit quelque chose à partir des intuitions pures de l'espace et du temps. Nous verrons tout de suite ce qu'elle produit exactement.

Quelle est donc la différence entre un « schème » et une « image » ? L'image est l'image d'une *intuition singulière*, ce qui n'est pas le cas du schème : celui-ci est la représentation d'une *méthode* permettant de *procurer une image à un concept*[2]. Kant distingue, à titre d'exemple, une image possible du nombre cinq et son schème. Une *image* de ce nombre pourrait consister en cinq points (ils peuvent alors former une rangée ou être disposés comme sur un cube). Le *schème* du nombre cinq, en revanche, est la méthode de la position réitérée d'une unité – dans le cas présent : la quintuple position de cette unité. Retenons alors que *le schème est la méthode qui permet de donner une image à un concept.*

Ce n'est toutefois pas la définition *universellement valide* du schème. Kant introduit cette caractérisation, comme nous l'avons déjà mentionné, pour distinguer le schème de l'image. Or, elle ne vaut que pour les deux

1. KrV, A 120.
2. KrV, A 140/B 179 *sq.*

premiers types de schèmes, c'est-à-dire les schèmes empiriques et les schèmes des « concepts sensibles purs ».

Le schème d'un *concept empirique* – ou « schème empirique » – est la représentation de la méthode pour donner une image à un concept *empirique*. Il est la règle selon laquelle l'intuition d'un chien donné, par exemple, peut être déterminée et ce, de telle sorte que cette détermination s'effectue conformément au concept (général) du chien. Kant explique cela de la manière suivante : « Le concept[1] de chien signifie une règle d'après laquelle mon imagination peut tracer de manière générale la figure d'un quadrupède, sans être restreinte à quelque figure particulière que m'offre l'expérience, ou encore à quelque image possible que je peux présenter *in concreto*[2]. » Le schème empirique doit donc être conçu comme une esquisse ou une silhouette formée par l'imagination qui rend possible l'ajustement du concept empirique à une image ou à une intuition singulière de l'objet pensé dans ce concept.

2) Par « concepts sensibles purs » Kant n'entend apparemment que les concepts d'entités *mathématiques*, c'est-à-dire les concepts arithmétiques et géométriques (nous ne trouvons pas plus d'indications à leur propos dans le texte). Kant remarque à ce sujet, en s'appuyant sur un exemple géométrique, qu'« il n'est pas d'image […] qui serait adéquate »[3] à un tel concept. La diversité d'un triangle, qui est toujours pensée dans le concept de triangle,

---

1. Dans le texte, il est littéralement question d'un « concept », mais il est clair, d'après le contexte, qu'il s'agit plutôt d'un « schème ». Mais, de toute façon, le schème est fondamentalement apparenté au concept. La définition kantienne du schème en tant que « condition sensible » est donc trompeuse, car elle ne s'applique pas à tous les types de schèmes.

2. KrV, A 141/B 180.

3. *Ibid.*

va bien au-delà de ce qui est exprimé dans une image de celui-ci, qui ne peut jamais représenter qu'un triangle déterminé – c'est-à-dire un triangle à angle droit, un triangle à angle oblique, etc. C'est pourquoi ici aussi un schème est nécessaire qui fournit la règle pour la production de figures pures dans l'espace.

Pour ces deux premiers types de schèmes, le rapport à l'image joue donc un rôle décisif. Néanmoins, ils ne se réduisent pas à un tel caractère d'image – car nous avons vu qu'ils correspondaient à la méthode permettant de donner à un concept une image qui ne peut jamais contenir en elle qu'une intuition singulière. La question qui se pose alors (mais que Kant, lui, ne soulève pas) est de savoir quel rapport il y a entre les images et les intuitions (dans lesquelles l'*objet* est donné). En d'autres termes : quelle est la relation entre le caractère d'image et l'objectivité ? Si le schème donne au concept une image, mais s'il s'agit ici de l'application des catégories aux intuitions, n'insinue-t-on pas par là que toutes les intuitions ont un caractère d'image ? Et, en fin de compte, n'affirme-t-on pas que les objets de nos connaissances sont des images[1] ?

3) Il en va tout autrement pour le *schème transcendantal* auquel Kant s'intéresse en premier lieu. Pour celui-ci, on peut dire qu'il « ne peut être ramené à aucune image »[2]. Cela est dû au fait que sa véritable fonction est de rendre compréhensible comment le rapport à l'objet

---

1. Cf. *Epilegomena*, p. 287 : « Le terme d'"image (*Bild*)" est utilisé chez Kant […] en tant qu'intuition (*Anschauung*) ou intuitionné (*Angeschautes*) en général ».
2. KrV, A 142/B 181.

transcendantal = X est possible[1]. La représentation suivante permet d'illustrer ce point :

```
concept empirique ⟶ schème empirique ⟶ intuition
                        en tant qu'image
concept sensible pur ⟶ schème du concept sensible pur ⟶
                        entité mathématique en tant qu'image
catégorie ⟶ schème transcendantal ⟶ X (pas d'image)
```

Les catégories doivent être « rendues sensibles (*versinnlicht*) » ou, plus exactement, « temporalisées » à l'aide d'un schème transcendantal (et ce, bien entendu, *a priori*, puisqu'elles ne sont pas empiriques). Cette « sensibilisation (*Versinnlichung*) » constitue à la fois une *ouverture* et une *restriction*. Elle explique ce qui rend possible le rapport à l'objet en montrant comment celui-ci peut être assuré non seulement en général (comme cela a été montré dans le chapitre sur la déduction), mais aussi comment il se présente pour chaque catégorie en particulier. Et cette sensibilisation livre en même temps une condition pour la *restriction* de l'usage légitime des catégories aux phénomènes sensibles.

---

1. Voilà ce qui justifie que le but la déduction des catégories ne serait atteint qu'avec les schèmes transcendantaux. Il est remarquable que cela n'est véritablement précisé que dans la déduction B qui a été rédigée *après* le chapitre sur le schématisme. Dans le paragraphe 24 de la déduction B, Kant établit en effet, nous l'avons vu, que l'imagination fournit le cadre transcendantal temporel pour « ajuster » en quelque sorte les catégories au sens interne. Et, conformément à cette idée, il souligne dans le chapitre sur le schématisme que c'est précisément la tâche des schèmes de veiller à « l'unité dans la détermination de la sensibilité » (A 140/B 179). Mais leur rôle est surtout de spécifier ce cadre transcendantal temporel pour chaque catégorie en particulier.

Les schèmes transcendantaux peuvent alors être caractérisés ainsi :

> Les schèmes [transcendantaux] ne sont autre chose que des *déterminations temporelles a priori*, d'après des règles ; et ces déterminations, suivant l'ordre des catégories, concernent la *série du temps*, le *contenu du temps*, l'*ordre du temps*, enfin l'*ensemble global du temps* (*Zeitinbegriff*) eu égard à tous les objets possibles[1].

Les schèmes transcendantaux sont donc des déterminations temporelles (*Zeitbestimmungen*) *a priori.* La « détermination temporelle » ne renvoie pas à l'idée que le temps serait déterminé par le schème, mais que les catégories sont temporalisées par le schème. Kant souligne même que la fonction fondamentale des schèmes transcendantaux est de donner une signification (*Bedeutung*) aux catégories. Ce qui a été développé, dans la déduction A, à propos de l'aperception vaut également pour les catégories : le rôle de l'aperception eu égard à l'établissement du rapport à l'objet transcendantal = X est ici transposé à chaque schème individuel.

Comment faut-il comprendre et interpréter les schèmes transcendantaux ? Selon l'interprétation d'Eugen Fink, il s'agit de « rapports fondamentaux (*Grundverhältnisse*) » ou de « modes fondamentaux de l'être-au-temps (*Grundweisen des In-der-Zeit-Seins*) »[2] – donc par exemple de la durée dans le temps, de la simultanéité ou du changement dans le temps, de l'éclat dans le temps, etc. Fink de préciser :

> Le projet *a priori*, en tant que condition de possibilité de l'expérience et des objets de l'expérience, ne s'étend pas

---

1. KrV, A 145/B 184 *sq.*
2. *Epilegomena*, p. 273 (voir l'annexe II).

seulement aux formes dans lesquelles les phénomènes sont structurés en tant que choses, mais tout autant à la manière dont les choses catégorialement pré-comprises sont disposées à certains modes de l'être-au-temps. Le *temps lui-même* doit maintenir ouverts en lui les rapports de succession temporelle et de simultanéité, afin que le singulier déterminé puisse entrer dans les rapports temporels[1].

Nota bene : L'interprétation de Fink est *phénoménologique* : le célèbre disciple de Husserl et de Heidegger attribue ici au temps un rôle fondamental – en quelque sorte actif – que Kant ne lui avait pas explicitement reconnu. Néanmoins, une telle lecture peut s'appuyer sur le texte de Kant, de sorte que l'on peut aussi la justifier, au moins implicitement, à partir de lui.

En quoi consistent précisément les différents schèmes transcendantaux ?

1) Schème de la quantité : le schème de la grandeur est le *nombre* (en tant qu'il relève d'un *processus de comptage* et non pas du *résultat* [de ce qui est *compté*]). Kant précise : le nombre n'est « autre chose que l'unité de la synthèse du divers d'une intuition homogène en général, du fait que j'*engendre le temps lui-même dans l'appréhension de l'intuition* »[2]. Par « engendrer », il ne faut pas entendre la *production* du temps, mais le fait que l'on détermine la « grandeur », pour ainsi dire, de l'être-au-temps de quelque chose de temporel[3].

---

1. *Epilegomena*, p. 273 (voir l'annexe II).
2. KrV, A 142 *sq.*/B 182.
3. Voir *Epilegomena*, p. 290.

2) Schème de la qualité : le schème de la réalité est le *temps rempli.*

Le schème de la négation est le *temps vide.*

Quant au schème de la *limitation* (que Kant lui-même n'a pas explicitement indiqué), Martin Bunte a fait la proposition suivante :

> À partir de la synthèse du schème de la réalité et de celui de la négation on pourrait […] former le schème de la limitation. Le temps indéterminé serait alors limité, mais son étendue resterait la même. Ce schème temporel hypothétique d'un temps circonscrit correspondrait ainsi à la détermination kantienne des jugements infinis[1].

A   B

Schème hypothétique de la limitation

Selon Bunte, ce schème – qui représente le « temps englobant (*umschließende Zeit*) » – pourrait être interprété comme le fait de « *n'être jamais dans un temps déterminé* ».

Pour Fink, Kant ne précise pas le troisième schème de la qualité « parce que le concept de l'entendement de la limitation pense déjà une pluralité de phénomènes en relation »[2].

Kant appelle les catégories de la quantité et de la qualité qui sous-tendent ces premiers schèmes transcendantaux des catégories « *mathématiques* », et les catégories de la

---

1. M. Bunte, *Erkenntnis und Funktion. Zur Vollständigkeit der Urteilstafel und Einheit des kantischen Systems*, Kant-Studien Ergänzungshefte, Berlin-Boston, W. de Gruyter, 2016, p. 65 *sq.*

2. *Epilegomena*, p. 299.

relation et de la modalité des catégories « *dynamiques* ». Celles-ci s'appliquent aux objets de l'intuition, celles-là à l'*existence* des objets. Heidegger explique de manière lumineuse ce qui sous-tend cette distinction :

> La dénomination de ces deux classes <de catégories> s'explique si nous rappelons qu'à l'époque moderne – mais déjà dans l'Antiquité chez Platon –, le mathématique était considéré comme l'exemple éminent de l'*a priori*, c'est-à-dire de ce qui ne concerne pas l'existence à chaque fois réelle (*tatsächlich*) de telle ou telle chose, mais ce qui appartient à son essence, à sa « teneur réelle (*Wasgehalt*) », qu'elle soit présente ou non. Ce qui est présent (*vorhanden*) dans sa présence (*Vorhandenheit*), l'étant effectif (*das Wirkliche*), se trouve au contraire dans un rapport causal, dans un rapport de force. « Dynamique » n'est qu'une autre expression pour : ce qui se trouve dans un rapport de cause à effet. Les catégories dynamiques sont les catégories de l'existence [...]. Les catégories de la quantité et de la qualité sont les catégories de l'essence et concernent la teneur réelle (*Wasgehalt*), l'*essentia* ; les catégories de la relation et de la modalité, en tant que dynamiques, concernent l'*existentia*. La « nature » est ce qui caractérise l'existence, l'*existentia* des choses ; c'est pourquoi Kant peut dire : « La relation et la modalité appartiennent à la considération de la nature des êtres, la quantité et la qualité à la théorie de l'essence » (*Reflexionen II*, p. 605)[1].

Mais ce qui est déterminant pour les schèmes, c'est un autre aspect. Les catégories dynamiques expriment une nécessité qui n'est pas donnée dans l'expérience. Aucun

---

1. PIK, p. 300.

rapport de causalité, par exemple, ne peut être tiré de l'expérience sensible – celle-ci ne donnant jamais qu'une succession temporelle *factuelle* de B par rapport à A, mais jamais que B suit *nécessairement* (et causalement) A. Les catégories dynamiques doivent donc être reliées à un schème – c'est en cela que consiste leur « schématisation » –, afin d'y introduire la nécessité et d'assurer la possibilité de l'expérience. En revanche, ce n'est pas le cas des catégories mathématiques, ce qui explique pourquoi leurs schèmes sont d'une nature différente de celle relative aux catégories dynamiques.

3) Le schème de la substance est la *permanence* du réel (*Reales*) dans le temps.

Le schème de la causalité est la *succession* du divers dans le temps (cette succession étant soumise à une règle).

Le schème de la relation réciproque est la *simultanéité* (également suivant une règle).

4) Le schème de la possibilité est l'existence dans un temps *quelconque*.

Le schème de l'existence effective (*Wirklichkeit*) est l'existence dans un temps *déterminé*.

Le schème de la nécessité est l'existence en *tout temps*.

Voilà donc les neuf schèmes exposés par Kant. Mais une phrase (qui a déjà été citée) reste encore à expliquer : « Les schèmes [transcendantaux] […], suivant l'ordre des catégories, concernent la *série du temps*, le *contenu du temps*, l'*ordre du temps*, enfin l'*ensemble global du temps* eu égard à tous les objets possibles »[1].

---

1. KrV, A 145/B 184 *sq.*

La « série du temps » permet de penser le caractère sériel, successif et extensif du temps. Le « contenu du temps » concerne le temps rempli par opposition au temps vide ; il a une plénitude de réalité ou une intensité variables. L'« ordre du temps » ne désigne pas l'ordre du temps lui-même, mais l'ordre des phénomènes *dans* le temps. Et l'« ensemble global du temps (*Zeitinbegriff*) » n'est pas la quintessence conceptuelle du temps, mais l'inscription dans la totalité ou dans une partie du temps[1]. Fink résume tout cela dans ces termes :

> En résumant les quatre *schèmes* en tant que quadruple forme de la détermination temporelle transcendantale, nous pouvons dire, en commençant par le schème de la modalité [donc dans l'ordre inverse] : le temps embrasse l'être de tous les phénomènes ; il règle, par la structure déterminée de l'enchaînement, tout ce qui apparaît en lui ; il est cela même qui est rempli par l'intra-temporel (*Binnenzeitliches*), cela même qui s'ouvre à un remplissement par l'intra-temporel ; il est enfin ce qui permet à ce qui le remplit de s'étendre d'une façon déterminée[2].

Pour illustrer les schèmes, on peut de nouveau s'appuyer sur un schéma de Bunte[3] :

---

1. Pour une définition plus précise de ces quatre termes, voir l'annexe II.
2. *Epilegomena*, p. 317. *Cf.* également le paragraphe qui suit immédiatement, *ibid.*, p. 317 *sq.*
3. M. Bunte, *Erkenntnis und Funktion, op. cit.*, p. 336.

Titre	Catégorie - *Schème*	Schématisme
Quantité	Unité, multiplicité, universalité – *nombre* A B C	Série du temps
Qualité	Réalité – *Temps rempli* A B Négation – *Temps vide* A B Limitation – *Temps englobant* A B	Contenu du temps
Relation	Substance – *Permanence* A A A Causalité – *Succession* A B C Relation réciproque – *Simultanéité* $A \wedge B$	Ordre du temps
Modalité	Possibilité – Temps quelconque X Réalité effective – Temps déterminé A Nécessité – Tout temps ...n...	Ensemble global du temps

Récapitulons. Les trois types de schèmes ont pour caractéristique commune de donner lieu à une *méthode de production de quelque chose*. C'est en spécifiant la « teneur réelle » ou le « contenu » de ce « quelque chose » que s'expliquent leurs différences. Dans les deux premiers types de schèmes, cette méthode de la schématisation sert à donner une image aux concepts respectifs. Dans le cas du schème transcendantal, en revanche, aucune image n'est générée. Ici, il s'agit plutôt de montrer comment les catégories peuvent être différenciées par des déterminations temporelles de manière à ce que le rapport à l'objet donné dans l'intuition sensible puisse être établi conformément aux différentes catégories. Il s'avère en outre que le schème (par le biais de ladite méthode) constitue dans les deux premiers cas une condition *non sensible*, alors que, dans le dernier cas, il s'agit d'une condition *sensible* (certes pure).

Nota bene : Au regard des cinq dernières phrases du chapitre sur le schématisme[1], la question se pose de savoir si la table des catégories du paragraphe 10 de la *Critique*

---

1. « De fait, il reste assurément aux concepts purs de l'entendement, même abstraction faite de toute condition sensible, une signification, certes seulement logique, celle de la simple unité des représentations, auxquelles aucun objet n'est donné, par suite aussi aucune signification qui puisse fournir un concept de l'objet. Ainsi la substance, par exemple, si l'on écartait la détermination sensible de la permanence, ne signifierait rien de plus qu'un quelque chose qui peut être pensé comme sujet (sans être un prédicat de quelque autre chose). Or, je ne puis rien faire de cette représentation, puisqu'elle ne m'indique point quelles déterminations possède la chose, qui doit valoir comme un tel premier sujet. Ainsi les catégories, sans schèmes, ne sont que des fonctions de l'entendement relatives aux concepts, mais elles ne représentent aucun objet. Cette signification leur vient de la sensibilité, qui réalise (*realisiert*) l'entendement, en même temps qu'elle le restreint », KrV, A147/B 186 *sq.*

de la raison pure contenait des catégories *schématisées* ou *non schématisées*. La réponse semble être assez claire. Si, une fois la déduction métaphysique accomplie, une déduction transcendantale des catégories est nécessaire, cela signifie que les catégories sont en fait déjà schématisées, mais que la légitimité de cette schématisation reste à démontrer. « Schématisation » signifie : fournir la preuve que la catégorie peut être appliquée à un objet de l'intuition. C'est précisément ce qui est démontré par la déduction et par le schématisme. Donc, les catégories exposées dans la table des catégories sont effectivement des catégories schématisées (c.q.f.d.). Du coup, on comprend mieux aussi la différence entre les « fonctions de l'entendement » et les « catégories » : les premières sont des catégories non schématisées, les secondes – sauf si quelque chose de contraire est indiqué – sont bel et bien schématisées.

L'INTERPRÉTATION FINKIENNE
DU SCHÉMATISME TRANSCENDANTAL
KANTIEN

Dans sa série de cours « *Epilegomena* à la *Critique de la raison pure* de Kant » professés à Freiburg entre 1962 et 1971, Eugen Fink a proposé au semestre d'hiver 1963/64 une lecture intéressante et originale du chapitre « Du schématisme des concepts purs de l'entendement ». Pour pouvoir asseoir son interprétation – qui n'a été abordée que de manière très fragmentaire dans l'annexe I –, Fink rappelle d'abord ce qui caractérise de manière insigne, à ses yeux, la philosophie transcendantale de Kant. Celle-ci porte, d'une manière générale, sur la possibilité d'un rapport « pur » aux objets par l'intermédiaire de nos représentations *a priori* (et notamment des catégories de l'entendement). Il s'agit d'exposer, en particulier, comment des représentations des objets peuvent être légitimement « subsumés » (c'est-à-dire « rangés » ou « subordonnés ») sous des représentations pures. Pour cela, il faut une *règle*. Dans la pensée empirique, la règle est livrée par des concepts généraux. L'expérience fournit ainsi les cas particuliers qui entrent en ligne de compte pour les subsomptions en question. Dans la philosophie transcendantale, en revanche, ce qui est donné, ce ne sont pas seulement les règles *a priori*, à la lumière desquelles la subsomption peut être effectuée, mais aussi les « *cas* » de leur application concrète. Dans cette perspective, on n'effectue donc pas seulement ces subordinations, mais on ANTICIPE *toujours déjà les* « *cas* » *en question ainsi que les rapports* a priori *de subsomption* correspondante. Ces purs rapports de subsomption – telle est la thèse de Kant dans le chapitre sur le schématisme – ont lieu dans l'intuition pure du temps :

> En reliant les catégories à ces rapports purs dans l'intuition pure, la philosophie transcendantale – lorsqu'il s'agit de produire une connaissance effective – circonscrit le domaine auquel les catégories peuvent être appliquées. Ce domaine est formé par les modes fondamentaux de l'apparaître sensible. *La faculté de juger transcendantale prescrit donc* a priori *le domaine d'application des catégories aux rapports fondamentaux de l'apparaître sensible*[1].

Cela signifie que le schématisme se rapporte certes à la sensibilité telle qu'elle a été analysée dans l'Esthétique transcendantale, mais que ce « domaine d'application » est ici spécifié d'une nouvelle manière. Cette spécification consiste à mettre explicitement en évidence les *conditions* (transcendantales) sous lesquelles les objets de l'expérience sont donnés en accord avec les catégories. La fonction et la portée du schématisme sont ainsi déterminées sans ambiguïté : il s'agit des conditions sensibles, mais *a priori*, de l'usage des catégories.

Fink ne s'attarde pas sur les différents problèmes que pose la subsomption concernant l'origine, le contenu, etc.

---

1. *Epilegomena*, p. 265.

des représentations, mais attire directement l'attention sur la nature du « troisième terme » pour que la subsomption du phénomène sous la catégorie soit possible – qui renvoie précisément au « schème transcendantal ». Et la réponse, on le sait, est la suivante : les schèmes transcendantaux recherchés ne sont rien d'autre que des « déterminations transcendantales temporelles (*transzendentale Zeitbestimmungen*) ». Fink interprète ces dernières d'une façon très originale.

Nous avons déjà insisté sur l'idée que la « détermination transcendantale temporelle » ne signifie pas que le temps serait lui-même déterminé d'une façon transcendantale. Les schèmes ne sont pas des propriétés transcendantales du temps. Il s'agit plutôt d'une détermination temporelle que Kant qualifie précisément de « transcendantale » et qui explique comment les objets sont ou peuvent être dans le temps – Fink parle de leur « être-au-temps »[1]. « Transcendantal » renvoie à ce qui rend possible le *pur* rapport aux objets. Cet être-au-temps n'a donc rien d'empirique – il importe d'insister là-dessus, car le recours au temps établit en principe toujours, chez Kant, un rapport à l'expérience. Ici, il s'agit exclusivement de déterminations « dans le *medium* du temps ». Fink précise à ce propos que « l'être-au-temps est pensé *a priori* »[2].

Sa thèse principale est que l'application des catégories aux phénomènes ne peut être effectuée que si « nous *rapportons les catégories, en tant que formes d'objectité des objets, à certaines manières de l'être-au-temps et que nous les temporalisons* »[3]. C'est ainsi que se résout le

---

1. L'allusion au concept heideggérien d'« être-au-monde (*In-der-Welt-Sein*) » est évidente.

2. *Epilegomena*, p. 268.

3. *Ibid.*, p. 275.

problème fondamental de savoir comment l'établissement
du rapport des catégories aux formes *a priori* de l'intuition
rend possible l'expérience[1]. Cette thèse principale est
soutenue par plusieurs arguments. Fink note dans un premier
temps :

> La nouveauté du problème du schématisme par rapport
> aux sections précédentes de la *Critique de la raison pure*
> ne réside pas dans le fait que les concepts purs de l'enten-
> dement et l'intuition pure en tant que temps sont liés,
> mais dans le fait que cette liaison est développée comme
> détermination transcendantale temporelle, comme
> détermination des rapports temporels. La temporalisation
> des catégories vise le rapport des concepts de l'entendement
> non seulement au temps, mais à l'être-au-temps des objets
> de l'expérience[2].

Par « temporalisation des catégories » – qui est identifiée
à leur « schématisme » –, Fink entend la manière dont
« quelque chose de temporel est dans le temps »[3]. Son
argument principal, qui clarifie la fonction des schèmes
transcendantaux, consiste donc à *mettre en parallèle* leur
rôle avec celui des catégories. De même qu'il y a une
structuration *a priori* de l'objectité par les catégories, il y
a aussi une structuration des modes fondamentaux de
l'être-au-temps des objets par les schèmes transcendantaux :

> Le projet (*Entwurf*) apriorique, en tant que condition de
> possibilité de l'expérience et des objets de l'expérience,
> ne s'étend pas seulement aux formes dans lesquelles les
> phénomènes sont structurés en tant que choses, mais tout
> autant à la manière dont les choses catégorialement

1. *Epilegomena*, p. 269.
2. *Ibid.*, p. 274.
3. *Ibid.*, p. 277.

pré-comprises sont orientées (*angelegt*) vers certaines manières de l'être-au-temps[1].

Le rôle du temps est en outre souligné par le fait – et Fink renoue ainsi avec le rôle bien connu de la temporalisation chez Kant – que le temps « traverse » et « submerge » tout ce qui est empirique ; tout ce qui est empirique est « plongé dans l'"eau" du flux temporel » et se révèle ainsi « plus concret que tout ce qui est concret »[2].

Apparaît ici une relation réciproque que Fink décrit comme celle de la « sensibilisation (*Versinnlichung*) » des concepts purs de l'entendement et de la « conceptualisation (*Verbegrifflichung*) » du temps. Et « cette interaction des catégories et de la sensibilité pure » est alors « rendue thématique dans les déterminations temporelles, les *schèmes* transcendantaux »[3].

Fink introduit enfin dans ce contexte un dernier concept – celui de « tempo-choséité (*Zeitdinglichkeit*) »[4]. Dans ses *Leçons pour une phénoménologie de la conscience intime du temps* (publiées par Heidegger en 1928), Husserl avait fait la distinction entre les « objets temporels (*zeitliche Objekte*) » et les « tempo-objets (*Zeitobjekte*) »[5]. Alors que ceux-là désignent des objets *dans* le temps, ceux-ci ont le temps (ou l'extension du temps) pour ainsi dire « en » eux, par essence. Les « *Zeitobjekte* » sont le temps compris *comme* de véritables « objets ». Lorsque Fink parle ici de « *Zeitdinglichkeit* », qui concerne le schématisme,

---

1. *Ibid.* p. 273.
2. *Ibid.*, p. 274.
3. *Ibid.*, p. 273.
4. *Ibid.*, p. 274.
5. Voir E. Husserl, *Vorlesungen zur Phänomenologie des inneren Zeitbewusstseins*, *Husserliana X*, R. Boehm (Hsg.), Den Haag, M. Nijhoff, 1966, p. 22-23.

il s'agit en quelque sorte d'un niveau intermédiaire. La *Zeitdinglichkeit* n'est pas une pure tempo-objectité, car elle structure bel et bien des objets temporels. Mais elle ne coïncide pas non plus avec ces derniers : elle fournit le cadre temporel *a priori* pour que les objets puissent être conçus dans leur être-au-temps.

Avant d'énumérer et d'expliquer le sens des schèmes transcendantaux, Fink se tourne vers les deux autres types de schèmes (à savoir les schèmes de « concepts sensibles purs » et ceux de « concepts empiriques ») qui se caractérisent par le fait qu'ils sont des « produits de l'imagination ». « Produit » ne signifie pas ici production au sens propre, mais seulement engendrement dans le sens restreint où le schème « est attribué à la faculté subjective de l'imagination »[1].

Certes, le schème – relatif à la fois aux concepts sensibles purs et aux concepts empiriques – a quelque chose à voir avec l'« image », mais l'important est ce qui les distingue. En quoi consiste cette différence ? L'image est une intuition, ce qui n'est pas le cas du schème :

> L'image, en tant qu'intuition, est caractérisée par la singularité et la déterminité (*Bestimmth*eit*), tandis que le schème, en tant que ce qui médiatise le penser et l'intuition, est caractérisé par l'unité au sens de la généralité dans la détermination de la sensibilité[2].

Le schème, contrairement à l'image, qui est un type d'intuition, occupe donc une position « intermédiaire » entre l'intuition et le concept. D'un côté, il est proche de l'universel, puisque l'intuition est déterminée par lui comme étant *générale* d'un intuitionné qui l'est en général (ce qui

1. *Epilegomena*, p. 277.
2. *Ibid.*, p. 278.

est intuitionné dans l'intuition en vertu du schème est en effet quelque chose de général); mais, d'un autre côté, il a aussi une proximité avec l'intuition, puisque ce qui est déterminé ici est justement l'intuition (ou sa forme pure).

Fink en conclut pour le schème en général qu'il peut être caractérisé « par contraste avec la sensibilisation dans une intuition singulière [ou dans une image] comme la sensibilisation générale ou comme la sensibilisation du général »[1]. Ailleurs, il reprend cette même idée : « Le schème est pour ainsi dire la généralité sensibilisée ou la sensibilisation générale, l'image au contraire le singulier intuitionné, le déterminé[2]. »

Dans les deux types de schèmes, Kant présente une méthode, d'après Fink, qui permet à chaque fois une représentation dans une image. Dans le cas des concepts sensibles purs, il s'agit d'une « instruction pour rendre intuitif (*Veranschaulichung*) »[3] ou pour « engendrer (*Erzeugung*) »[4] la représentation (d'un nombre, d'une figure géométrique, etc.). Dans le cas des concepts empiriques, le schème est « un intermédiaire entre le simple concept et la représentation (*Repräsentanz*) intuitive »[5]. Fink prend à son tour l'exemple kantien du schème d'un chien en mobilisant un mouvement de zigzag singulier : « C'est en quelque sorte le va-et-vient entre la représentation d'un chien déterminé et la représentation de la généralité du chien qui cause (*bewirkt*) le schème empirique du chien[6]. »

1. *Ibid.*, p. 283.
2. *Ibid.*, p. 287.
3. *Ibid.*, p. 280.
4. *Ibid.*, p. 282.
5. *Ibid.*
6. *Ibid.*

La différence entre les schèmes transcendantaux et ces deux types de schèmes, déjà soulignée dans l'annexe I, réside dans le fait que les premiers ne peuvent en aucun cas être convertis en image. Les catégories ne disposent pas d'images. Fink insiste, concernant les schèmes transcendantaux :

> Le schème d'un concept pur de l'entendement est la synthèse pure de l'imagination transcendantale selon une règle de l'unité pensée dans la catégorie qui s'étend au temps en tant que pure forme du sens interne et qui détermine différentes manières générales de l'être-au-temps des phénomènes intra-temporels. Dans les *schèmes* transcendantaux, les règles générales de l'entendement au sein de la sensibilité *a priori* sont sensibilisées en schèmes temporels (*Zeitschemata*)[1].

Fink en vient maintenant à la détermination précise des schèmes transcendantaux, c'est-à-dire des manières de concevoir concrètement l'« être-au-temps » des différentes catégories. Ses explications détaillées à ce sujet (il consacre un cours à chacun des quatre groupes de catégories) apportent une contribution importante à la compréhension de ce qui est en jeu dans chaque schème.

Ce qui caractérise fondamentalement le schème transcendantal de la quantité (nous reviendrons sur le fait qu'il n'y a qu'un seul schème et non pas trois), c'est que le schème pur de la grandeur (*quantitatis*) – qui désigne précisément cette catégorie de la quantité – est le *nombre*. Quel est le rapport entre le nombre et l'« être-au-temps » de la quantité et pourquoi Kant parle-t-il de « grandeur » et non pas de la « quantité » elle-même ?

---

1. *Epilegomena*, p. 285.

Fink fait d'abord une première remarque importante. Kant affirme que l'espace et le temps sont chacun une « image »[1] des « grandeurs (*quantorum*) » du sens externe et du sens interne (ou « pour » ces derniers). Nous sommes donc en présence de deux concepts – celui de « *quantitas* » et celui de « *quanta* ». « C'est dans cette différence », écrit Fink, « que réside le véritable problème du schème transcendantal de la quantité »[2]. Pour expliquer cette différence, il fait une distinction encore plus fine entre les « *quanta* », le « *quantum* » et la « *quantitas* ».

Le *quantum* pur de l'espace et du temps (ou encore : le « champ continu de l'espace et du temps ») peut être conçu, d'après Fink, comme la condition de possibilité des *quanta* d'espace et de temps. Ceux-ci sont des grandeurs d'espace et de temps, « des délimitations dans le *continuum* d'espace et de temps [*quantum* d'espace et de temps], qui n'est pas lui-même limité, mais qui possibilise tous les *quanta* d'espace et de temps »[3]. Voilà donc ce qu'il en est du « *quantum* » et des « *quanta* ». Comment situer la « *quantitas* » par rapport à ces notions ?

La *quantitas* n'est pas une notion générale qui contiendrait ce qu'il y a de quantitatif dans le « *quantum* » et dans les « *quanta* », mais

---

1. Fink souligne que ce concept d'« image » ne doit pas être confondu avec celui en jeu dans les schèmes des concepts sensibles purs et des concepts empiriques. Il explique cette différence, en se référant à l'espace, de la manière suivante : « L'espace en tant qu'image pure de tous les *quanta* d'espace n'est pas, comme l'image empirique, un intuitionné singulier, mais il est l'intuition une pour le sens extérieur, "une" signifiant en gros "unique" », *Epilegomena*, p. 287.

2. *Ibid.*

3. *Ibid.*, p. 288.

[p]ar « *quantitas* », Kant entend le mode d'être de
l'être-grand (*Großsein*). Il passe ainsi du *quantum* pur
de l'espace et du temps, qui est la condition de possibilité
des *quanta* de l'espace et du temps, au problème de
l'être-dans-l'espace et de l'être-au-temps de l'intra-
spatial (*Binnenräumliches*) et de l'intra-temporel
(*Binnenzeitliches*)[1].

L'explication de la « *quantitas* » comme « mode d'être
de l'être-grand » constitue le cœur de l'explication du
schème transcendantal de la quantité. Fink formule trois
thèses à propos de ce schème.

Première thèse : tout ce qui est dans le *temps* doit avoir
une grandeur eu égard à l'*être-au-temps*[2]. Cela est assuré
par le fait que le schème transcendantal de la « grandeur
(*Wiegroßsein*) » des phénomènes dans le temps est la
« condition de possibilité de toute détermination empirique
factuelle de l'extensité (*Extensität*) des phénomènes dans
le temps »[3]. Kant désigne ce schème transcendantal comme
le « nombre ». Celui-ci n'est pas l'entité mathématique du
« nombre », mais le fait de « compter » ou de « dénombrer »,
c'est-à-dire l'« opération de comptage » en tant que
processus *temporel*. Il ne s'agit pas d'une mesure empirique
du temps, mais d'une « dimension » ou « relation » « *a
priori* de la détermination du temps (*apriorisches Verhältnis
der Zeitbestimmung*) ». Dans ce nombre compris comme
opération de comptage, la grandeur (*Wiegroßsein*) de
quelque chose est ainsi pensée selon le mode de
l'être-au-temps.

1. *Epilegomena*, p. 288.
2. *Ibid.*, p. 291.
3. *Ibid.*, p. 290.

Deuxième thèse, qui découle de ce qui précède : le nombre, en tant que schème de la « *quantitas* », permet de déterminer la grandeur (*Wiegroßsein*) :

> La *quantitas* n'est donc pas le concept général de tous les *quanta*, mais c'est en elle qu'est pensée la grandeur (*Wiegroßsein*) des *quanta* inscrits dans le *quantum* pur. La *quantitas* comme grandeur (*Wiegroßsein*) en tant que telle n'est pas une détermination qui caractérise l'espace ou le temps lui-même, mais une structure catégoriale de l'entendement dont le schème pur est le nombre[1].

Mais comment s'effectue exactement la détermination de la grandeur (*Wiegroßsein*) par le nombre ?

Troisième thèse : la détermination de la grandeur (*Wiegroßsein*) eu égard à l'être-au-temps s'effectue par l'*engendrement* du temps en tant que *limitation* de ce dernier. Par « engendrer le temps », il ne faut pas entendre « créer » ou « produire » le temps :

> Lorsque Kant parle de l'« engendrement du temps » dans l'appréhension de l'intuition, il ne veut pas dire la production du temps en général, mais le fait de parcourir les « maintenant », en vertu de quoi une durée temporelle (*Zeitweile*) est déterminée comme ayant telle ou telle grandeur. Nous engendrons le temps, non pas en le produisant – car la production serait elle-même un processus temporel qui n'est possible que sur la base du temps –, mais en synthétisant le divers pur, les « maintenant », et en délimitant ainsi un segment temporel déterminé, en déterminant un être-au-temps de quelque chose de temporel dans sa grandeur (*Wiegroßsein*)[2].

---

1. *Ibid.*, p. 288.
2. *Ibid.*, p. 290.

Ce qui importe tout particulièrement dans la détermination *a priori* des phénomènes eu égard à la quantité,
c'est donc la « mesurabilité fondamentale de l'extension
spatiale et temporelle des phénomènes selon des grandeurs
finies ou en appliquant une échelle finie »[1].

Fink ne dit pas grand-chose à propos du fait que Kant
n'ait pas approfondi davantage l'explication des schèmes
de l'unité, de la pluralité et de la totalité. Il remarque
seulement que Kant n'a interrogé le schème de la quantité
que par rapport à son principe général et que les
« phénomènes […] ont chacun *une* certaine grandeur »,
qu'ils apparaissent « dans une *pluralité* d'autres
<phénomènes> » et qu'ils forment « dans leur ensemble
une unité de type supérieur, c'est-à-dire une *totalité* »[2].

Venons-en maintenant au schème de la qualité. Kant
ne se contente pas d'en formuler le principe général, comme
c'était le cas pour le schème de la quantité, mais il n'en
expose pas non plus tous les trois schèmes. Son argumentation se concentre sur la première catégorie de la qualité
– donc sur la « réalité ». Le schème de la négation en
découle directement. Le schème de la limitation, en
revanche, n'est pas explicité.

La catégorie de la « réalité » ne renvoie ni à la « réalité
effective (*Wirklichkeit*) » ni à l'« existence (*Dasein*) ».
Elle est liée à la « sensation ». La réalité « correspond » à
une sensation. Et la sensation garantit que le phénomène
est « un être-quelque-chose (*Etwassein*) déterminé ».
D'après l'Esthétique transcendantale, la sensation empirique
est ordonnée par les formes *a priori* de l'espace et du
temps, c'est-à-dire qu'elle les présuppose. Or, si le temps

1. *Epilegomena*, p. 293.
2. *Ibid.*, p. 292.

a une priorité sur l'espace, dans la mesure où tout ce qui est donné dans le sens externe est aussi rencontré dans le sens interne, il s'ensuit que la sensation est ordonnée temporellement lorsque l'objet affecte l'esprit (*Gemüt*). L'être-au-temps de la sensation et, par conséquent, de la réalité correspondante est donc d'emblée garantie[1]. La question est de savoir quel schème transcendantal il faut ici faire valoir.

Fink montre que Kant s'appuie à ce dessein sur le concept de « degré », c'est-à-dire de « grandeur intensive ». « L'être des phénomènes en tant qu'être-au-temps est fondamentalement déterminé par des grandeurs intensives, dont les degrés sont des degrés de rapport à la sensation »[2]. Et cette intensité n'est rien d'autre qu'un « remplissement du temps (*Zeitfüllsel*) »[3] plus ou moins accentué. Le schème de la réalité est ainsi le temps rempli – plus précisément : « l'engendrement continu et uniforme de la réalité en tant que quantité de quelque chose qui remplit le temps »[4]. Corrélativement, le schème de la négation est le temps évidé (*entleerte Zeit*).

Pour Fink, Kant n'explicite pas le schème transcendantal de la limitation parce qu'une *pluralité* de phénomènes y est déjà pensée en relation, ce qui constituerait déjà le « passage » vers le groupe des catégories de la relation.

Le groupe des catégories de relation a une importance particulière dans la mesure où celles-ci concernent le rapport entre les catégories et le temps non seulement pour

1. « Un étant qui est en rapport à la sensation est un étant dans le temps. L'être-quelque-chose (*Etwassein*) de ce qui est dans le temps est nécessairement lié à la sensation », *Epilegomena*, p. 293.

2. *Ibid.*

3. *Ibid.*, p. 300.

4. *Ibid.* p. 298.

des objets singuliers, mais pour la « structure totale de l'expérience »[1]. Chacune des trois catégories de la relation contribue de manière spécifique à la clarification de cette structure.

La première de ces catégories – celle de la substance – élucide le rapport entre les prédicats ou les propriétés, d'un côté, et leur porteur, de l'autre. Kant nomme ce rapport un rapport de la « subsistance » et de l'« inhérence ». Comment la substance peut-elle alors être conçue comme un mode d'être-au-temps des phénomènes ? Fink répond : « Si l'on transpose (*übersetzt*) le subsister dans un rapport temporel, il signifie, contrairement à l'inhérence, un demeurer, une permanence dans le changement[2]. » Ce qui prévaut ici, c'est l'*enchevêtrement de quelque chose qui demeure et de quelque chose qui change*. Mais cet enchevêtrement ne signifie pas la simultanéité d'une permanence et d'un changement en ce sens que l'un demeurerait et l'autre changerait (ou inversement). Ce qui est pensé avec le schème transcendantal de la substance, c'est plutôt un substrat de *toute* détermination (empirique) du temps, c'est-à-dire un substrat de *toute* permanence et de *tout* changement. Fink l'appelle une « détermination temporelle *a priori* préalable » ou l'amorce « d'une permanence fondamentale dans le changement du muable »[3]. Ainsi est mis en évidence, pour ainsi dire, le pendant noématique du Moi en tant qu'instance noétique de l'institution de l'unité des vécus : « De façon analogue […] à la manière dont le Moi, en tant que pôle d'unité identique, est la condition de la diversité des vécus dans le changement des

---

1. *Epilegomena*, p. 300.
2. *Ibid.*, p. 301.
3. *Ibid.*, p. 302.

phénomènes, on pense avec la persistance (*Beharren*) de la substance un point de relation qui persiste dans l'écoulement des phénomènes – lesquels en sont les déterminations –, et qui demeure le même dans cette persistance[1]. »

Or, Fink souligne que le concept de « substance » doit être clarifié dans sa « persistance ». Kant comprend-il la substance de manière singulière (comme Spinoza) ou de façon plurielle (comme Leibniz)? Son énoncé « Le temps ne s'écoule pas, mais en lui s'écoule l'existence du muable »[2] livre, d'après Fink, la réponse à cette question. L'extrait assez long qui suit permettra de saisir la manière dont la catégorie de la substance est « au temps » :

> Le temps lui-même a la structure particulière de la permanence et du changement. Il constitue la première esquisse fondamentale (*Grundriss*) d'un serrage (*Verspannung*) entre ces deux moments. [...] Le temps est la présupposition – toujours étant (*immerseiend*) – du fait que les phénomènes finis ne sont pas toujours dans le temps (*des Nicht-immer-Seins der endlichen Erscheinungen in der Zeit*). Kant prend en vue cette structure de serrage entre la permanence et le changement pour rechercher à partir d'elle une structure analogue dans l'étant qui est « au temps ». Ce dernier est représenté de telle sorte qu'il présente un contenu du temps constant, apparaissant cependant sous des formes finies sans cesse nouvelles. Ce contenu du temps un est la substance comprise de manière singulière, c'est-à-dire la matière du monde qui remplit le temps en permanence et à partir de laquelle surgissent les figurations et les compositions des figures temporelles finies des choses intra-temporelles.

1. *Ibid.*
2. KrV, A 144/B 183.

Cette matière originaire, en tant que contenu temporel du temps constamment présent, est la substance moniste, dont les accidents sont les choses que nous appréhendons comme des substances finies. Le rapport entre substance et accident est ramené par Kant des substances singulières finies à la substance originaire. Celle-ci, en tant que l'immuable dans l'existence des phénomènes, correspond au temps en tant qu'il est immuable et permanent. Eu égard à la structure paradoxale du temps en tant que serrage de la continuité et de la discontinuité, Kant parle de « *substrat* du temps » qui lui correspond et qui persiste dans tous les changements de ses accidents. Mesurées par rapport à lui, toutes les choses finies ne sont que des phénomènes, c'est-à-dire des déterminations de la substance une, non-éphémère dans le temps. De même que le temps persiste et rend possible dans sa permanence le changement, de même le *substrat* du temps qui correspond au temps persiste et rend possible, dans sa persistance, le changement des longueurs et des grandeurs temporelles des phénomènes en tant qu'accidents du *substrat*[1].

---

1. *Epilegomena*, p. 304 *sq*. Ce substrat du temps approfondit d'une manière intéressante ce que l'on pourrait appeler le « problème de l'idéalisme » dans la *Critique de la raison pure*. Dans sa célèbre *Réfutation de l'idéalisme* dans la deuxième édition, il s'agit pour Kant de renvoyer à la perception d'un persistant « extérieur » qui doit déterminer en premier lieu mon existence dans le temps (eu égard au fondement de l'expérience et de la connaissance) – ou, pour le dire de façon plus générale, il s'agit pour lui de démontrer que l'expérience intérieure n'est possible que sous la condition d'une expérience extérieure. On pourrait se demander si le substrat du temps élaboré ici ne constitue pas en quelque sorte une réponse idéaliste à la réfutation de l'idéalisme – que Fink fournit *à partir de l'exposé de Kant sur le substrat du temps* ! Et ce, non pas pour renverser simplement cette réfutation et affirmer un idéalisme plat, mais pour indiquer comment un substrat du temps pourtant constitué subjectivement rend tout d'abord possible la séparation entre l'« intérieur » et l'« extérieur ».

Selon Fink, il faut distinguer trois niveaux structurels : la structure du temps lui-même, la structure de la substance moniste et la structure des objets singuliers ou des substances plurielles. Cette dernière peut être déduite de celle de la substance *une* et la structure de la substance une peut à son tour être déduite de celle du temps lui-même. C'est donc ainsi qu'il faut comprendre la définition du schème transcendantal de la substance – selon laquelle elle est « la permanence du réel dans le temps » au sens du « *substrat* » évoqué.

Le schème transcendantal de la causalité n'est pas moins important pour comprendre la structure globale originairement temporelle de l'expérience. Il ne concerne plus la détermination transcendantale temporelle d'une *chose singulière*, mais celle de la *connexion* causale des choses singulières entre elles. Grâce à cette dernière, la simple « succession (*Nachfolge*) » temporelle devient une « conséquence (*Infolge*) ». La « succession » établit une connexion entre deux états qui se suivent dans le temps, ce qui signifie qu'il s'agit d'un « enchaînement » de causes et d'effets. Il est frappant de constater que la *nécessité* de ce caractère de liaison et d'enchaînement du schème transcendantal de la causalité – en tant que « succession (*Folge*) de tout temps d'un réel » – n'est *pas* démontrée ; elle ne le sera que dans les « Analogies de l'expérience » qui montrent que seule la loi de la causalité est en mesure de rendre *possible* l'expérience. Kant – et Fink de façon correspondante – affirme seulement *que* le schème transcendantal de la causalité fait de la « succession » une « conséquence ». Mais l'explication de la manière *dont* cela est possible ne fait manifestement pas partie des tâches du schématisme.

Alors que le premier schème transcendantal de la relation concerne la *permanence* et le deuxième schème la *succession*, le troisième schème introduit désormais le troisième « mode temporel »[1] – celui de la *simultanéité*. « Le schème de la relation réciproque pense l'interdépendance des choses singulières sous la forme de la simultanéité universelle[2]. » La thèse de Fink est que la simultanéité ne se rapporte pas à la constatation empirique de la mesurabilité de deux phénomènes, en tant que ceux-ci se rencontrent dans le même maintenant de la série temporelle objective, mais concerne la mise en évidence d'une « simultanéité persistante des substances », qui renvoie à une *simultanéité absolument antérieure*[3]. La différence d'avec la simultanéité de l'enchevêtrement de la permanence et du changement dans le premier schème transcendantal de la relation réside dans le fait que celle-ci est « statique », alors que celle du troisième schème est « dynamique ». Cela est dû au fait que la troisième catégorie de chacun des quatre groupes de catégories représente une combinaison de la première et de la deuxième – ce qui s'applique donc également aux schèmes transcendantaux. « Dans la catégorie de la relation réciproque et son schème, la statique de la substantialité et la dynamique du mouvement causal sont serrées ensemble (*zusammengespannt*) »[4]. Il apparaît ainsi que le schème transcendantal de la relation réciproque ne conçoit pas la substance comme moniste, mais qu'il renvoie à un pluralisme de substances. La lecture de Fink ne permet pas de savoir si c'est ce troisième schème transcendantal du groupe des catégories de la relation qui a une priorité ou

---

1. *Cf.* KrV, A 177/B 219.
2. *Epilegomena*, p. 308.
3. *Ibid.*, p. 310.
4. *Ibid.*

si c'est toujours la première qui doit être considérée comme la « structure fondamentale du temps lui-même »[1].

De même que les catégories de la modalité ont la particularité de n'exprimer que le rapport à la faculté de connaître, les schèmes transcendantaux de la modalité se distinguent des autres en ce qu'ils représentent les trois rapports de la représentation subjective d'un objet au temps. Selon Fink, ces derniers sont des « déterminations de la réflexion (*Reflexionsbestimmungen*) » en vertu desquelles la représentation d'un objet est mise en rapport au temps. Toutefois, ce ne sont pas seulement les concepts de la modalité eux-mêmes qui sont temporalisés, mais ces concepts de la modalité sont également rapportés au sujet ainsi qu'à sa temporalité.

La thèse principale de Fink concernant les schèmes de la modalité est que ce n'est qu'avec eux que se clarifie le rapport entre l'être et le temps, ce rapport étant la condition de l'être-au-temps des catégories de la modalité :

> Ce n'est que lorsque nous relions le concept de l'être au temps, lorsque nous pensons ensemble l'être et le temps et que nous concevons l'être des phénomènes comme un être dans le temps, que nous pouvons placer sous des déterminations transcendantales temporelles (*transzendentale Zeitbestimmungen*) ce que nous pensons dans l'être-possible, l'être-effectif, l'être-nécessaire [...][2].

Fink retrouve ces rapports dans les schèmes transcendantaux : « la compréhension de l'être et celle du temps » se rejoignent dans « la structure fondamentale temporalisée d'une chose en tant qu'objet de l'expérience »[3]. Il va même

1. *Ibid.*, p. 309.
2. *Ibid.*, p. 312.
3. *Ibid.*, p. 329.

jusqu'à affirmer que le « problème fondamental de l'idéalisme kantien s'exprime ici » dans la mesure où « l'*ens* ne peut être que tel qu'il est dans le temps »[1]. Les schèmes transcendantaux de la modalité sont alors les suivants :

L'« être possible » et la « possibilité » n'existent que dans l'horizon du temps. Le schème transcendantal correspondant est la « détermination de la représentation d'une chose par rapport à un temps quelconque »[2]. Kant entend par là que la « schématisation de la catégorie de la possibilité réside dans l'inscription d'une représentation d'une chose apparaissant dans le champ temporel, sans qu'il soit nécessaire d'indiquer en quel lieu temporel se trouve le possible »[3].

Le schème transcendantal de la réalité effective (*Wirklichkeit*) – et plus précisément celui d'une *chose singulière* – correspond pour Kant à « l'existence dans un temps déterminé »[4]. Ici aussi le rapport à la représentation subjective est implicite ; il en sera de même pour le schème transcendantal de la nécessité. Le « temps déterminé » revient au fait de se situer très précisément dans un « lieu temporel » déterminé.

Le schème transcendantal de la nécessité est finalement « l'existence d'un objet de tout temps ». Pour que l'usage de la catégorie de la nécessité soit possible[5], l'être-nécessaire doit revenir à un « toujours-être (*Immersein*) » ou la nécessité doit être conçue comme la « permanence de

---

1. *Epilegomena*, p. 319.
2. KrV, A 144/B 184.
3. *Epilegomena*, p. 314.
4. KrV, A 145/B 184.
5. *Ibid.*

l'être-au-temps »[1]. « Dans le concept schématisé de la nécessité, on pense un être-au-temps incessant, sans commencement ni fin »[2].

Fink résume la fonction des schèmes transcendantaux de la modalité en ces termes : « Le temps indéterminé, le temps déterminé et l'omni-temporalité constituent les trois horizons temporels à partir desquels <Kant> temporalise les concepts ontologiques de la possibilité, de réalité effective et de la nécessité »[3].

Au terme de cette énumération des schèmes transcendantaux des différentes catégories, Kant les fait passer en revue une dernière fois. Il s'agit encore – et en quelque sorte de manière *plus détaillée* – de la fonction du temps eu égard à ce qui apparaît dans le temps :

> Le schème du groupe de la quantité repose sur l'engendrement (synthèse) du temps lui-même dans l'appréhension successive d'un objet, le schème du groupe de la qualité sur la synthèse de la sensation et de la représentation du temps, c'est-à-dire sur le remplissement du temps, le schème du groupe de la relation sur le rapport des perceptions entre elles de tout temps selon une règle de la détermination du temps et le schème du groupe de la modalité sur le temps lui-même comme corrélat de la détermination d'un objet, <pour indiquer> s'il appartient au temps et comment il le fait. Les schèmes ne sont donc, comme le dit Kant, rien d'autre que des déterminations temporelles *a priori* selon des règles [A 145/B 184]. Ils reçoivent leur ordre en fonction de l'ordre des groupes de catégories et représentent la série du temps, le contenu du temps, l'ordre du temps et l'ensemble global du temps.

1. *Epilegomena*, p. 314 *sq.*
2. *Ibid.*, p. 315.
3. *Ibid.*

Dans ces *schèmes* transcendantaux, l'être-au-temps des
phénomènes est conçu selon une quadruple perspective[1].

Cette « quadruple perspective » signifie que l'être des
choses singulières est abordé dans une *quadruple direction*
à partir de l'horizon du temps, à savoir comme série du
temps, contenu du temps, ordre du temps et ensemble
global du temps (*Zeitinbegriff*). Ces quatre termes sont
compris dans un sens entièrement nouveau qui s'écarte
fondamentalement de leur acception ordinaire.

La série du temps. Le schème transcendantal du groupe
de la quantité est le temps en tant que série du temps. À
travers la « série », Kant se réfère (d'après la lecture de
Fink) à l'« *extensivité* (*Extensivität*) » ou à l'« être extensif »,
c'est-à-dire à « l'engendrement représentatif d'une grandeur
déterminée du temps d'un objet »[2]. Il s'agit donc, comme
nous l'avons déjà dit, de « la grandeur (*Großsein*) d'une
chose dans le temps »[3]. « Dans la série temporelle, c'est
l'aspect temporel de la succession qui est pris en vue […] ».
Or, « […] tous les phénomènes que nous connaissons ont
une extension intra-temporelle. C'est en cela que se
manifeste l'une des manières dont le temps laisse être ce
qui est en lui et lui accorde sa durée (*Weile*) »[4].

Le contenu du temps. Le schème transcendantal du
groupe de la qualité est le « temps rempli » (réalité) ou le
« temps vide » (négation). On désigne ainsi le contenu du
temps – qui peut donc être rempli ou vide. « Le contenu
du temps signifie l'être-au-temps remplissant le temps des
phénomènes » en tant que « gradation » entre « le néant

1. *Epilegomena*, p. 315 *sq.*
2. *Ibid.*, p. 316.
3. *Ibid.*
4. *Ibid.*

(*Nichts*) et une grandeur d'intensité déterminée qui est rapportée à la gradualité de la sensation »[1]. L'être-au-temps se donne ici comme une « variation de la teneur de la réalité », de la « plénitude de la réalité (*Realitätsfülle*) »[2].

L'ordre du temps. Le schème transcendantal du groupe de la relation est l'« ordre du temps ». Celui-ci n'est pas l'ordre du temps lui-même, mais l'ordre des phénomènes par rapport au temps ou dans le temps.

> Ce qui s'étend dans le temps et ce qui remplit le temps se trouve en même temps dans un ordre déterminé dans le temps, il est soumis à la règle de serrage (*Verspannung*) de la permanence et du changement dans la substance, à la règle de la succession du temps selon la loi de la causalité et enfin à la règle de la simultanéité selon la loi de la relation réciproque. Si le temps est pris en vue comme série du temps eu égard à la succession et comme contenu du temps eu égard à sa capacité de remplissement graduellement différente, le temps comme ordre du temps apparaît sous l'aspect de la triple forme dans laquelle les phénomènes se rapportent entre eux dans le temps[3].

Il se confirme donc une fois de plus qu'avec le troisième groupe de schèmes, les deux premiers sont « dépassés » en ce sens que l'expérience est ici prise en considération dans sa structure (temporelle) fondamentale.

L'ensemble global du temps. Le schème transcendantal du groupe de la modalité est le « *Zeitinbegriff* ». Cet « ensemble global du temps » ne signifie pas la quintessence conceptuelle du temps, mais l'inclusion dans le temps qui revient à l'aspect temporel de « ce qui englobe tous les

1. *Ibid.*
2. *Ibid.*
3. *Ibid.*, p. 317.

phénomènes »[1]. Le temps, souligne Fink, est une totalité qui englobe tout ce qui apparaît et qui le précède.

En effectuant de nouveau cette énumération – mais dans l'ordre inverse –, Fink récapitule les quatre schèmes fondamentaux de la manière suivante :

> [L]e temps embrasse l'être de tous les phénomènes ; par la structure déterminée de leur enchaînement, il règle tout ce qui apparaît en lui ; il est cela même qui est rempli par l'intra-temporel (*Binnenzeitliches*), cela même qui s'ouvre à un remplissement par l'intra-temporel ; enfin, il confère une extension déterminée à ce qui le remplit[2].

Ainsi s'esquisse ce que Fink appelle l'« ontologie temporelle (*Temporalontologie*) kantienne des choses singulières ».

> Dans ces déterminations transcendantales de l'être-au-temps des choses phénoménales, le temps n'a plus la détermination raccourcie selon laquelle il ne serait rien d'autre qu'un milieu – doté d'un ordre déterminé – où ce qui se produit se trouve en série. Kant pense les aspects de la série, du remplissement, de la mise en ordre et de l'inclusion à partir du temps et eu égard aux choses intra-temporelles. C'est en eux que s'accomplit la puissance temporelle (*temporale Durchmachtung*) de l'intra-temporel à partir du temps[3].

Cette « ontologie temporelle » consiste donc dans une structuration temporelle des choses apparaissantes. Selon la thèse de Fink, cette structuration temporelle est rendue possible par une « double synthèse ». D'une part, le divers du sens interne (le temps) est synthétisé par les schèmes

1. *Epilegomena*, p. 317.
2. *Ibid.* (déjà cité dans l'annexe I).
3. *Ibid.*, p. 317.

temporels engendrés par l'imagination; et, d'autre part, les unités qui en résultent sont à leur tour synthétisées par l'aperception transcendantale. Le point décisif est que « le schème du temps et la conscience du Moi (*Ichbewusstsein*) […] doivent interagir en guise de double synthèse de l'imagination et de l'aperception transcendantale », « afin de rendre possible une connaissance des choses qui apparaissent intra-temporellement [donc "objectivement" dans la "sphère immanente"] »[1]. *Toute apparition d'une chose présuppose l'interaction du temps, de l'imagination et du Moi*. C'est ainsi que l'on peut résumer l'interprétation de Fink du chapitre de Kant sur le schématisme. Et – tels sont ses mots de la fin d'une lecture qui s'inscrit entièrement dans l'horizon gnoséologique de la connaissance des objets – « [d]u fait que les catégories soient capables d'une temporalisation (*Temporalisierung*), Kant conclut qu'elles ne peuvent avoir de signification gnoséologique que sous la condition de cette temporalisation »[2].

Fink clôt son interprétation du schématisme kantien par deux remarques importantes sur la « signification » et le « *phaenomenon* ».

Si les « schèmes donnent une signification aux catégories »[3], ce qui veut dire que celle-ci « touche l'objet (*gegenstandstreffende Bedeutung*) »[4], ils ne se limitent pas à ce qui est visé dans le concept. Ils rendent possible le rapport *a priori* à l'objet et accomplissent ainsi la démonstration de la déduction des catégories. « La schématisation ne donne pas aux catégories leur signification logique

---

1. *Ibid.*, p. 318.
2. *Ibid.*
3. KrV, A 146/B 185.
4. *Epilegomena*, p. 320.

qu'elles ont aussi en dehors de leur temporalisation, mais elle assure le rapport *a priori* à l'objet, de sorte que, dans les concepts schématisés de l'entendement, nous ne nous rapportons pas seulement à une unité de signification idéale, mais nous avons en eux une connaissance de l'être-objet (*Gegenstandssein*) des objets de l'expérience[1]. »

Mais il y a encore dans tout cela un autre concept de signification – et c'est là qu'intervient le concept de « *phaenomenon* »[2]. Fink de préciser :

> Le schème, en tant que reflet de la fonction synthétique de l'unité de la catégorie dans les formes *a priori* de l'être-au-temps, Kant l'appelle aussi le *phaenomenon*, c'est-à-dire le concept sensible d'un objet en accord avec la catégorie. [...] Cependant, la sensibilisation des concepts ne signifie pas qu'ils soient touchés par des qualités sensibles, mais seulement qu'ils soient en rapport à ce qui est temporel en tant que tel. [...] Mais si nous pensons les catégories en dehors du rapport nécessaire à leurs *schèmes*, il pourrait sembler que nous amplifions la portée de leur pouvoir de connaissance qui a d'abord été restreint par la temporalisation (*Verzeitlichung*). En effet, nous pourrions penser que les catégories, dans leur « signification pure », sans les conditions de la sensibilité, connaissent les choses telles qu'elles sont en elles-mêmes, et pas seulement, à l'instar des concepts schématisés, telles qu'elles apparaissent. Dans l'expression « signification pure », Kant utilise la « signification » dans un autre sens que lorsqu'il dit que les *schèmes* donnent tout d'abord une signification aux concepts purs de l'entendement. Là, la « signification » renvoie à un « rapport qui touche la "chose" (*sachbetreffender Bezug*) ».

---

1. *Epilegomena*, p. 320.
2. KrV, A 146/B 186.

Ici[1], la « signification pure » se réfère à ce qui est pensé dans la catégorie en tant que forme de la pensée comme telle, ce qui pourrait suggérer que cela concerne la chose dans son être en soi et non pas, à l'instar du concept schématisé, dans son être-pour-nous, c'est-à-dire dans son simple apparaître. Or, Kant ne s'identifie pas avec cette idée, mais il renvoie à l'opinion du rationalisme traditionnel qui comprend la pensée de l'étant comme celle qui dévoile ce dernier en son être-en-soi, conformément à la proposition : « c'est la même chose penser et être ». Dans la *Critique de la raison pure*, Kant attaque de front cette identification fondamentale établie par Parménide. Il résout le problème de l'être et du penser en reprenant à la fois des éléments du rationalisme et de l'empirisme anglais et en […] restreignant les éléments *a priori* à ce qui est seulement temporel. Pour Kant, les catégories n'ont de signification relative à l'objet que dans leur liaison avec les *schèmes*[2].

De cette manière, Fink semble donner raison à Heidegger lorsque celui-ci affirme que Kant aurait été le premier philosophe à avoir fondamentalement pensé ensemble l'être et le temps.

---

1. À propos de la notion de signification chez Kant, *cf.* V. Cibotaru, *Le problème de la signification dans les philosophies de Kant et Husserl*, « Mémoires des Annales de Phénoménologie », Dixmont-Wuppertal, Association Internationale de Phénoménologie, 2023.

2. *Epilegomena*, p. 327 *sq.*

TABLE ANALYTIQUE DES MATIÈRES

Achevé d'imprimer en septembre 2022
sur les presses de
La Manufacture - Imprimeur – 52200 Langres
Tél. : (33) 325 845 892

N° imprimeur : 220840 - Dépôt légal : septembre 2022
Imprimé en France